10日で身につく

文書・政策法務の基本

文書事務研究会　編著

都政新報社

はじめに

1　発刊に当たって

地方公共団体の文書事務や法制機能の重要性については、従来から繰り返し指摘されているところです。特に、平成12年の地方分権一括法施行、さらに今後予定される自治制度改革が進む中では、地方公共団体の自己決定・自己責任の範囲は大幅に拡大していきます。

本書は、初めて文書や法規の仕事に携わる自治体職員の方に、必須知識を実践によって身につけてもらう入門書です。

言うまでもなく、文書や法令は、行政活動の基本で、すべての職員が必ず身につけなければならないものです。しかし、この分野に強みがある、と自信を持って言える人は、意外に少ないのではないでしょうか。

そのため、必ず知っておきたい事項を中心に、10日間で文書・法務の全体像を把握できるようにしています。初心者の基本的な知識習得を念頭に置いていますが、中堅・ベテラン職員の方の自己啓発のきっかけに資することも期待しています。

本書が、文書・政策法務・自治立法を行う上で、皆様の参考となることを執筆者一同願ってやみません。

2　本書の使い方

(1)　全体構成

本書の全体構成は次のとおりです。

第1部　文書の基礎知識

　1日目　公用文の作り方 (1)

　2日目　公用文の作り方 (2)

　3日目　起案文書の作り方

　4日目　電子文書の取扱い

第2部　公用文を書いてみよう

5日目　通知文・指令文
6日目　証明文・表彰文・契約文
7日目　例規文・訓令文・告示文
第3部　政策法務と自治立法
8日目　政策法務の基礎知識
9日目　条例・規則の作り方
10日目 規定別条文の書き方
参考資料

文書事務研究会では、本書の作成にあたり、読者に最後まで読み通してもらうこと、知識として定着してもらうことを主眼に、構成・内容の検討を重ねました。その結果、新しいスタイルの本となりました。

演習問題からスタートし、解説を読むことで、知識として身につく、ワークブック形式です。そのため、項目によっては、記載内容を必要最小限にした箇所もあります。今後、読者の皆様が学びやすいように、各部の最後に参考図書や資料を付けました。

「第1部　文書の基礎知識」は、文書についての基本的な知識を身につける内容です。4日目では、最近進展している電子文書の取扱いについて、全般的な説明をしています。

「第2部　公用文を書いてみよう」は、実際に公用文を書く際のポイントをまとめています。

「第3部　政策法務と自治立法」は、政策法務の概略について把握し、実際に条例・規則を作る際のポイントをまとめています。初心者にとっては、やや高度な内容も含まれていますが、この分野の知識も不可欠です。

「参考資料」では、本編に関係する用字用語例等を収録しました。辞書のように活用されることを想定しています。

(2) 本書の見方

各頁の構成はおおむね次のとおりです。

(例) 第2部

【イメージ図】

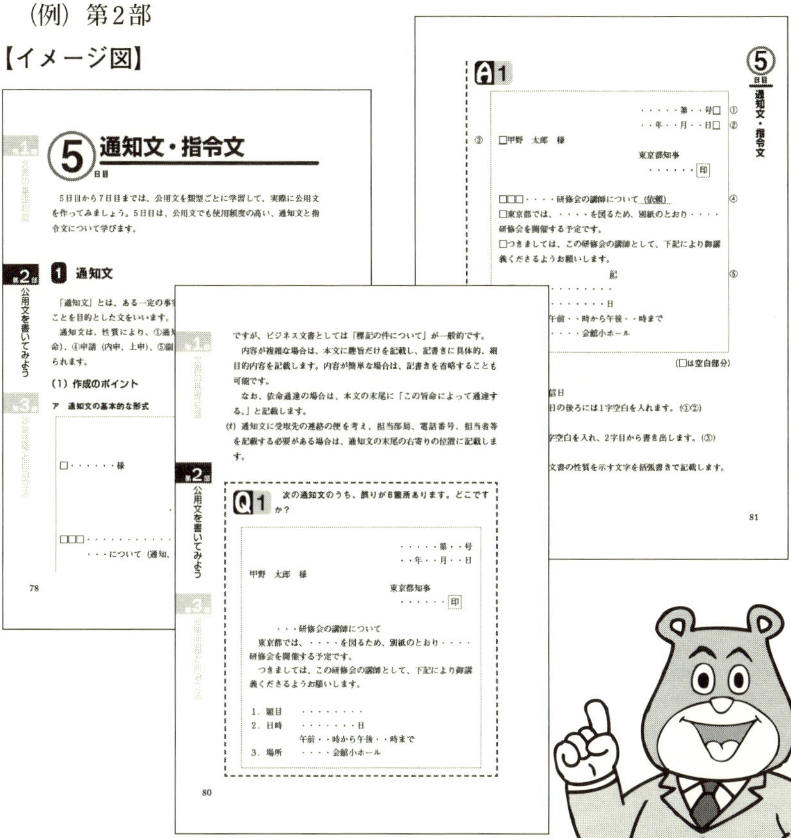

原則として、各日に演習問題を掲載し、その問題を解く過程で知識を定着させていきます。

また、重要な箇所はブンタくんがポイントをまとめています。

では、10日間、最後までがんばりましょう！

平成22年1月　　　　文書事務研究会

ブンタくん

目 次

第２部　公用文を書いてみよう

第３部　政策法務と自治立法

目 次

第1部

文書の基礎知識

1日目 公用文の作り方（1）

1日目は公用文の作り方のうち、公文書作成の基準や表現について学びます。

「公用文」とは官公庁が作る文章や法令の文章をいい、それを紙やその他の記録媒体に記録したものが公文書です。文書作成の基本となりますので、気を引き締めて取り組みましょう。

日ごろ作成している公文書も、間違えたり、意味を取り違えられたりすると、大きな問題に発展するおそれがあります。だからこそ、公文書は正確で分かりやすいものでなければなりません。そのためには書き方のルール＝「基準」が必要です。

ルールに従って、適切な構成できちんとした表現の文書を作成できるようにしましょう。

1 公文書

Q1 公文書の説明で誤っているものはどれですか？　また、その理由は何ですか？

1　公文書は正確さが重視されるため、分かりにくいものでも構わない。

2　公文書を作成する際は、書き手の個性を尊重するべきである。

3　公文書作成基準に反しても、直ちに無効とまではいえない。

（1）公文書作成の基本方針

よい公文書の要素は、「正確」、「平易」、「簡潔」であることです。

事務上の優れた文章とは、分かりやすく読みやすく表現され、しかも相手に意思又は事実を的確に伝達することができるものでなければなりません。

ア　正確であること

公文書は、その性質上、住民の権利義務に直接かかわることをその内容とすることが多いため、正確さが求められます。正確な文書を書くためには、誤解を生じるおそれのない言葉を用い、行き届いた表現をし、論理にかなった構成をもつ文章にするようにしなければなりません。

イ　平易であること

公文書は、正確であるとともに、相手にとって分かりやすい平易な文章でなければなりません。とりわけ、住民を相手方とするものには、平易で分かりやすい文章とすることに十分心を配る必要があります。

平易な公文書を書くためには、難しい言葉はできる限り避け、日常使っているような分かりやすい用語を用い、無理のない表現をし、理解しやすい構成を心がけます。

ウ　簡潔であること

相手に正確に迅速に意思を伝えるためには、伝達すべき内容を過不足なく簡潔に表すようにしなければなりません。簡潔な文章とするためには、文章を区切ってできるだけ短くしたり、また内容に応じて箇条書にしたりする、といった工夫が必要です。

(2) 公文書作成の基準

ア　基準の必要性

公文書を作成する場合には、私人として自由な立場で文章を書く場合と異なり、一定の基準に従う必要があります。基準が必要な理由としては、次の4点が挙げられます。

(ア) 組織として統一のとれた活動をするためには、その一つとして、公文も統一のとれた形のものとする必要があるため。

(イ) 言葉は約束ごとであるから、一定の意味を常に正確に表すためには、一定の形で表す必要があるため。

(ウ) 相手にとって分かりやすい文章にするという点からも、一般の支持を受けている基準や慣習に従って書く必要があるため。

(エ) 基準は、一般の慣習を尊重すべきものであるが、その一方で国語の正しい発展に寄与するものでなければならないため、組織としてこのような国語問題への対応の在り方を示しておく必要があるため。

イ　基準の種類

東京都においては、(ア)に掲げるように各種の規程等で基準を定めています。参考までに、東京都の公文書作成上、準拠すべき基準の代表例を挙げます。なお、他の地方公共団体でも同様の定めを置く場合が多くあります。

(ア) 都の規定類

○東京都公文規程（昭和42年東京都訓令甲第10号）

公文の作成について、最も一般的な事項と公文の種類ごとの形式を定めています。

○東京都文書管理規則（平成11年東京都規則237号）

文書の管理の面から公文の作成に関し、次の事項を定めています。

・文書記号、番号の記入（第12条）
・起案文書の様式など（第20条）
・文書の発信者名（第22条）
・事務担当者の表示（第23条）
・公印の押印（第35条）

(イ) 内閣告示等

○常用漢字表（昭和56年内閣告示第1号）
○現代仮名遣い（昭和61年内閣告示第1号）
○送り仮名の付け方（昭和48年内閣告示第2号）
○外来語の表記（平成3年内閣告示第2号）

ウ　基準の適用

公文書作成の基準は、公文書を作成するための一般的な目安あるいは原則とすべき基準ですが、強行性のある規定ではありません。したがって、意味を取り違えるおそれのない限り、これらに反したからといって、公文書の効力が左右されることはありません。しかし、統一のとれた表記をし、意味を取り違えるおそれのない表現をし、さらには分かりやすい公文書を作成するためには、これらの基準を尊重し、努めてこれに従うようにするべきです。

基準は、公文書を作成する際、すべてにわたって適用されます。ただし、この基準は、標準又は原則を示すものであり、これにより難い特別な理由がある場合については、基準の適用が除外される場合もあります。参考までに、東京都において基準の適用が除外される例を示します。

(ｱ) 人名、地名などの固有名詞

常用漢字表にない漢字及び音訓や通用字体以外の字体並びに片仮名を使うことができます。ただし、差し支えない場合には、常用漢字表にない漢字や通用字体以外の字体を常用漢字表にある漢字（通用字体）で書き換えます。

なお、人名には、常用漢字表にある漢字のほか戸籍法施行規則（昭和22年司法省令第94号）別表第2に掲げる漢字も使うことができます。

(ｲ) 専門用語

常用漢字表にない漢字や音訓を使った専門用語も、なるべく常用漢字表にある漢字や、音訓や仮名で置き換えたり、ほかの言葉で言い換えたりするべきです。

しかし、言い換える言葉がなく、書き換えると元の意味が理解できないと思われるものには、常用漢字表にない漢字や音訓をそのまま使います。この場合には、その漢字に振り仮名を付けます。

A1 1　誤り。公文書は正確であるとともに、分かりやすいものでなければならない。

公文書は、正確であると同時に、相手にとって分かりやすい平易な文章でなければなりません。相手が一読して理解できるものでなければ、よい公文書とはいえません。

2　誤り。公文書を作成する際は、一定の基準にできるだけ従わなければならない。

公文書作成の基準は、組織として統一のとれた活動をすること、一定の意味を常に正確に表すこと等のために定められています。公文書を作成する際は、努めてこれらの一定の基準に従うようにしなければなりません。

３　正しい。

2 公文書作成に用いる用紙等

Q2 **公文書についての説明で、誤っている箇所はどこですか？　また、その理由は何ですか？**

公文書を訂正するときは、修正液や修正テープを使ってできるだけきれいに訂正する。

（1）用紙

用紙の大きさは、原則として、Ａ４判のものを縦長に使います。ただし、図表などを作成するために必要がある場合には、Ａ４判のものを横長又は縦長に使うものとします。

紙質は、公文書の用途、記載手段などに応じて、適切なものを使用します。

用紙の色は、原則として、白色を使用します。

用紙の地紋は、原則として、無地を使います。ただし、地紋を様式として定めている文書の場合には、この限りではありません。

【図表の場合】

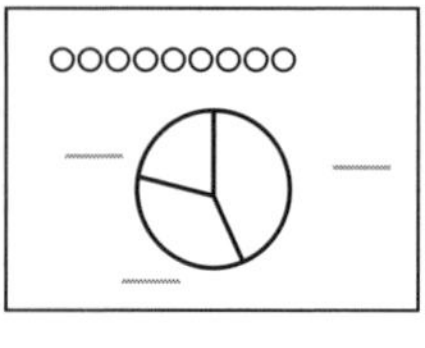

（Ａ４横）

(2) 文書のとじ方

原則として、左側をとじます。ただし、縦書きの文書だけをとじる場合には、右側をとじます。

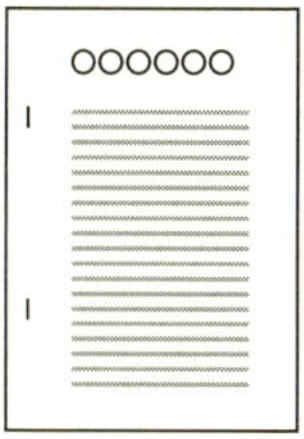

（A４縦）

(3) 記載事項の訂正方法

ア　誤記の訂正

誤記の部分を２本の線で消して訂正印を押し、その上側又は右側に正しい記載をします。

例

第３項
○○条例第８条~~第２項~~（印）の規定により、次のとおり決定する。

イ　脱字の加入

脱字の行の上側又は右側に記入して、くくり符号を使って抜け落ちた部分に加入し、訂正印を押します。

例

第３項
○○条例第８条（印）の規定により、次のとおり決定する。

ウ　契約書や重要な対外文書などの訂正

誤記の部分を２本の線で消し、又は脱字の行の上側又は右側に記入して、くくり符号を使って抜け落ちた部分に加入し、左又は上の余白に、「○字訂正」、「○字削除」又は「○字加入」と記載し、その部分に訂正印を押します。

例　　2字訂正
　　　1字削除　公印

A2　公文書を訂正するときは、訂正部分に訂正印を押す。

公文書を訂正する際は、その文書が施行文書の場合はその文書に使用した公印、起案文書の場合は決定権者、起案者又は事務担当者の印を訂正印として押印しなければなりません。

仮に、修正液等で修正してしまうと、修正の背景や経緯が不明確になるばかりでなく、後で文書の改ざんをした疑いも発生するおそれがあります。

また、公文書を作成する際は、なるべく訂正しなくて済むように、あらかじめ書く内容をよく考えておく必要があります。

3 公文書の作成

Q3　**次の例文を、読み手に内容が伝わりやすい構成に訂正してください。**

年報○○の発行について

年報○○の発行の参考資料とするため、○○についての具体的処理方法と処理件数の調査を行いますので、様式1～5を、○月○日までに、○○まで御提出ください。

(1) 構成

ア　主題を絞るとともに、必要な内容を盛り込む

公文によって相手に伝えたい主題を明確にし、その主題に沿って文章を構成します。主題からみて付随的な事項をむやみに盛り込み、結果として何を伝えようとしているのか分からない文章となることのないよう注意しなければなりません。

同時に、相手方に伝えるべき事項については、必要な内容が抜け落ちることがないようにします。よく「5 W 1 Hの原則」と言われますが、このような事項を確認し、必要な事項を書き落とさないようにします。

「5W1Hの原則」

When いつ 時間
Who だれが 主体
Where どこで 場所
What 何を 対象
Why なぜ 原因
How どのように 状態、方法

イ　段落や項目により、内容の区切りをはっきりさせる

(ア)　段落のない長い文章は、読み手に負担を与え、伝えたい事項が読み手に十分伝わらない場合もあります。内容のまとまりを考えて段落を分け、あるいは項目（例えば、第1、第2、……）を付けて、分かりやすい構成となるよう心がけましょう。

(イ)　項目には、なるべく見出しを付けます。見出しは、簡潔で、しかも見出しを見るだけで文章のおおよその内容が予想できるようなものが望ましいです。

ウ　箇条書を活用する

文章が長くなるようなときは、できるだけ箇条書を用い、内容が一見して分かるようにします。

(2) 配字位置等の原則

ア　一般原則

(ア) 文の最初の行及び新たに起こした行の初めの１字分は、空白とします。ただし、表彰文及び証明文の一部（証書）については、空白とし

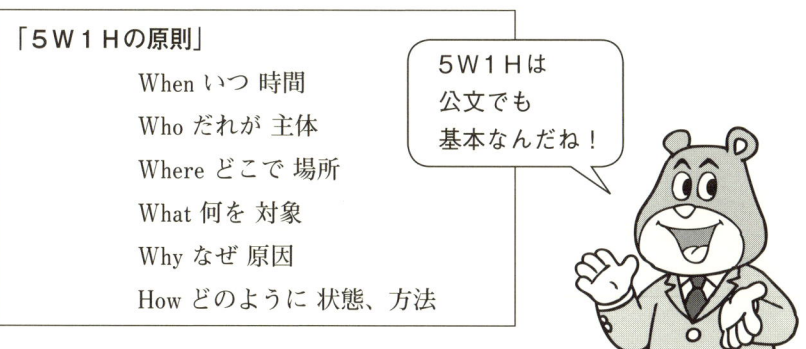

ません。

(イ) 句読点を用いない文については、句読点を使うべき箇所を１字分空白とします。

(ウ) 文の項目を細別する記号の次には、読点やピリオドを打たず、１字分空白とします。

(エ) 「なお」、「おって」、「また」等を使って完結した前の文に対する独立した形の補足説明等をする文を続けるときは、行を変えます。

(オ) 「ただし」、「この」、「その」等を使って文を続けるときは、行を変えずに前の文に続けます。

イ　その他

特に配字位置について指定のないものについては、公文書作成に用いる用紙の大きさや字の大きさとの均衡を考慮して、出来上がった公文書の体裁が良くなるよう適当な位置に収めます。

A3

○○の調査について（依頼）

□年報○○の発行の参考資料とするため、これに関する調査を下記により行います。資料の提出方、宜しくお願いいたします。

記

1□調査内容　(1) ○○の具体的処理方法
　　　　　　(2) ○○の処理件数
2□提出資料　様式１～５
3□提出期限　平成○年○月○日まで
4□提出先　　○○係○○まで

※□は空白部分。

文書が長くなるときは、「記」又は「別記」として独立させる方が分かりやすくなります。

Q4 次の例文を読み手に内容が伝わりやすい構成、表現に訂正してください。

> 募集の詳細は、次のとおりです。奮って応募してください。
> 1　該当事項を丸で囲み、いずれにも該当しない場合は「その他」を丸で囲み、右の欄に理由を記入してください。
> 2　申込みは、一人につき1回とします。

(3) 文体

ア　公文の文体は、その性質により「ます」体と「である」体とを使い分ける

「ます」体 → 通知文（通達等を除く。）、表彰文、証明文など

「である」体 → 例規文、議案文、公布文、通達文、契約文、起案文など

イ　文体は、統一する

同じ文章の中では、文体を統一します。ただし、「です・ます」体の文章では、文の途中や例えば記書き部分など本文と次元が違う部分などに「である」体を用いることは可能です。

例　新聞が目的<u>としている</u>のは、読者に早くニュースを知らせることです。(→いちいち「としていますのは」としない。)

(4) 文法

公文は、義務教育課程で使われる共通語（いわゆる標準語）の文法に従って作成します。

ア　文語の活用形を使わない

例　せられんことを　→　されるよう

進まんとす　→　進もうとする

イ　共通語と方言とで活用の仕方が違う言葉は、共通語の活用形を使う

例　足らない、足って、足る　→　足りない、足りて、足りる

借らない、借って、借る → 借りない、借りて、借りる

ウ　主語と述語とをしっかり対応させる

例　5月1日に地方税法が改正されました。今度の改正で一番大きな問題は、都民税の課税方式が大きく変わり、○年度から実施されます。

→　5月1日に地方税法が改正されました。今度の改正で一番大きな問題は、都民税の課税方式が大きく変わったことです。この改正は、○年度から実施されます。

エ　中止法（連用中止法など）を使うと意味があいまいになる場合には、中止法を避ける（P23コラム参照）

オ　修飾の語句が何を修飾するのかをはっきりさせる

例　かわいらしい洋服を着た人形 → ①かわいらしいデザインの洋服を着た人形　②洋服を着たかわいらしい人形

カ　否定形では、打ち消されるものが何かをはっきりさせる

例　私は彼のように力持ちでない。 → ①私は、彼と違って、力持ちではない。②私は、彼と同じで、力持ちでない。　③私は、彼ほど力持ちでない。

キ　並列するものが紛れないようにする

例　ドイツは賠償及び通商による以外の戦後の一切の負債を免除されなければならない。 → ①ドイツは、賠償と、通商による以外の戦後の一切の負債とを免除されなければならない。　②ドイツは、賠償と通商とによる以外の戦後の一切の負債を免除されなければならない。

ク　「てにをは」（助詞）の使い方に気をつける

例　煮物、たき物、何でも使える。 → ……何にでも使える。

日本全国まで知れ渡っている。 → 日本全国にまで……。

ケ　いわゆる「ら抜き」言葉、「さ入れ」言葉に気をつける

例　食べれます → 食べられます

やらさせていただきます → やらせていただきます

A4

> 募集の詳細は、次のとおりです。奮って応募してください。
> 1　該当事項を丸で囲むこと。いずれにも該当しない場合は、「その他」を丸で囲み、右の欄に理由を記入すること。
> 2　申込みは、一人につき1回とする。

1については、意味が正確に伝わらない可能性があるため、中止法は避けます。また、本文と箇条書き部分では、次元が違うため異なる文体を使うことも可能です。

（5）表現

Q5　**次の例文を、読み手に内容が伝わりやすい構成、表現に訂正してください。**

> 各メーカーにより独自の工夫がなされているこの機器においては、施工に伴う故障及び事故の発生の危険を少なくし、責任の所在を明確にするとともに、技術的に迅速な対応を可能とするために、当該機器専門業者に設置させることにより、保証の確保を図るものとします。

ア　文語調の表現や堅苦しい表現をやめ、分かりやすい表現とする

例　遺漏なく　→　漏れなく、適切に、間違いなく
かかる（事態）を　→　このような（事態）を
の用に供する　→　……に用いる

イ　回りくどい表現をせず、なるべく簡単で明白な表現とする

例　現在においてさえ　→　現在でも、現在でさえ
その特徴とするところは　→　その特徴は

ウ　文をいたずらに長くしない。なるべく区切って短くする

そのためには、次のような点に注意します。

(ア) 一つの文の中に、二つ以上の違う事項を盛り込まないようにする。

(イ)「が」、「ので」、「とともに」、「また」、「に反して」、「けれども」「しており」などで幾つもの内容をつなげず、一度、文を切る。

(ウ) 中止法を一つの文の中に何回も使って、安易に文を続けない。

エ　修飾の語句の使い方に注意する

(ア) 文の飾りにしかならない不必要な修飾の語句を付けない。

(イ) 修飾の語句をなるべく修飾される語句のすぐ前に置く。

(ウ) 修飾の語句が長くなりすぎるときは、なるべく別の文として独立させる。

オ　省略しすぎないようにする

(ア) 必要な主語を落とさない。

例　請求者の身分、資格等の確認は、原則として行わないものとする。ただし、身分、資格等を詐称していると認められる場合には……

→　ただし、請求者が身分、資格等を詐称していると……

(イ) 必要な述語を抜かさない。

例　管理人の許可なく立入りを禁ずる。

→　……立ち入ることを禁ずる。

(ウ) 必要な助詞を落とさない。

例　外界から慢性的な刺激が……　→　外界からの慢性的な刺激が…

計画なくしてビジネスに成功しない。

→　計画なくしては、ビジネスに成功しない。

カ　受身形をなるべく使わない。また、抽象語を主語にすることもなるべく避ける

例　かかる状態は、早急に改善されなければならない。

→　このような状態を早急に改善しなければならない。

A5

> この機器は、製造業者によってそれぞれ独自の工夫がされています。
>
> そこで、それぞれの機器の専門の業者に設置させるようにすれば、施工に伴って発生する故障や事故の危険が少なくなり、技術的にも迅速な対応ができるようになります。
>
> また、このことにより、責任の所在が明確になります。

一つの文の中に、二つ以上の事項を盛り込まないようにします。また、中止法や接続詞で安易に文を続けず、できるだけ短い文にしましょう。

コ・ラ・ム

中止法

中止法とは、述語となっている用言の連用形を用いて、文をいったん中止し、次に続ける言い方のことです。

中止法を多用すると、読点で文を一度止めて文を続けるので、一文が長くなります。長くなった文は、分かりづらくなります。

（例）　よく学び、よく遊べ
東西に急ぎ、南北に走る
食品を加工し、販売する

2日目 公用文の作り方(2)

2日目は公用文の作り方のうち、公用文を作成する上で重要な要素である用語について学びます。

公用文は、前日に学んだように正確で、分かりやすく、簡潔でなければなりません。これらの条件を満たす公用文を作成するためには、用語を使いこなすことが必要不可欠です。用語をきちんと使いこなし、公用文作成の基礎を固めましょう。

1 用語

Q1 次の例文のうち、公文書として適切な用語を用いているとはいえない部分はどこですか?

1 法上の要件を満たしているか調査するため、臨検を行う。

2 国と東京都の間で協定を結ぶことにつき、賛成なら署名してください。

公文を易しく感じの良いものとするためには、できるだけ日常一般に使われている用語を用い、専門用語その他難しい言葉はなるべく用いないようにします。

(1) 特殊な言葉、難しい言葉、堅苦しい言葉などの用い方

ア 特殊な言葉、堅苦しい言葉をやめて、日常一般に使われている易しい言葉を用いる

例 懇請する → お願いする　　不可避の → 避けられない

イ 専門用語などで普通使わない言葉は、別の易しい言葉に言い換える

※もし、言い換えることが適当でなければ、簡単に説明を加える

例　都市基盤 → 都市に必要な公共施設　　のり面 → 道路脇の斜面
　　富栄養化（水中のりん、窒素その他栄養塩類が増え、プランクトン等の水生生物の増殖が進むこと。）

ウ　使い方の古い言葉を使わず、日常使い慣れている言葉を用いる

例　けだし → 思うに、あるいは　　欲する → 望む、願う、求める

エ　言いにくい言葉を使わず、口調の良い言葉を用いる

例　遵守する → 守る　　過般 → 先ごろ

オ　音読する言葉はなるべく避け、耳で聞き意味のすぐ分かる言葉を使う

例　橋りょう → 橋　　塵埃《じんあい》 → ほこり

カ　音読する言葉で意味の二様にとれるものは、なるべく避ける

例　協調する（強調する、と紛れるおそれがある。）→ 歩調を合わせる
　　勧奨する（干渉する）→ 勧める

キ　次のような言葉は、分かりやすい外来語に改める

例　堰《えん》堤 → ダム　　酒精 → アルコール

ク　耳慣れない略語を使わない

例　外為 → 外国為替　　納貯 → 納税貯蓄組合

ケ　外来語

原則として、一般に定着していないもの、複数の概念を併せ持つもの、意味があいまいなまま用いられているものであるときは、日本語に言い換える。又は、状況に応じて日本語の併記、補足説明、注釈を付ける。

また、アルファベットの略字は、日本語に言い換えるか、片仮名表記によることを原則とする。原則によることができない場合は、日本語にアルファベットの略字を併記して用いることとする。

例　インセンティブ（誘因）　ＡＴＭ → 現金自動預入払機

(2) 特定の用語についての用い方

ア　本来は文語であるけれども、公文に使って差し支えない用語

(ア)「あり、なし、同じ」

簡単な注記や表の中などでは、終止形に限り、使ってもよい。

例　瑕疵の有無　　　あり
　　　訴訟の可能性　　なし
　　　住所　　　　　　本籍に同じ。

(イ)「たる」

「たる」(連体形) だけを使う。「たり、たれ」などの形は使わない。

例　東京都の代表者たる知事
　　　公務員たる労働者

(ウ)「べき」

「べき」(連体形) だけを使う。「べし、べく」などの形は使わない。

例　通知すべき事項
　　　解決すべき問題

イ　使い方の紛らわしい助詞

(ア)「と」

並列の意味で使うときには、なるべく最後の語句の後にも付ける。

例　東京と神奈川との間
　　　配布する文書とそれを記録したカードとを渡す。

(イ)「から」

時や所の起点を表すときには、「から」を使い、「より」を使わない。

例　1時から5時まで受け付ける。
　　　東京駅から新幹線に乗る。
　　　納豆は大豆から作る。

(ウ)「の」

主語を示す場合に使ってもよい。

例　条例の定めるところによる。

(エ)「ば」

「ならば」の「ば」は略さない。

例　賛成ならば起立してください。

(オ)「な」

「な」の形だけ使う。「なる」の形は使わない。

例　必要な措置をとる。

ウ　使い方の紛らわしい助動詞

(ｱ)「う、よう」

意思を表す場合にだけ使う。ただし、「であろう（でしょう、でありましょう）」は、推量の意味で使う。

例　道路を横断しようとするとき。

(ｲ)「ます」

「ませ（ん)、ましょ（う)、まし（た)、ます」の形だけを使う。「ませる、ますれ（ば)、ませ」の形は使わない。

例　困難ではありませんが、……

困難でありましたので、…

困難でありますと、……

(ｳ)「ぬ」

「ん、ず」の形だけを使う。「ぬ、ね」の形は使わない。

例　知りません。

知らずに犯した罪

(ｴ)「まい」

「まい」は否定の意思のほかに否定の推量を表す場合にも使うため、否定の意思を表す場合には「ない」を使う。

例　使うまい → 使わない。

(ｵ)「だ」

「だ、だろう、だった」の形は使わず、「である、であろう、であった」の形を使う。

A1　1　法律上の要件を満たしているか調査するため、立入検査を行う。

「法上の」は一般的に用いられている言葉とはいえないので、ここは「法律上の」に置き換えます。また、「臨検」は専門用語なので、「立入検査」のように易しい言葉に置き換えます。

2　国と東京都との間で協定を結ぶことにつき、賛成ならば署名してください。

「と」は並列の意味で使うときには、なるべく最後の語句の後にも付けるようにします。また「ならば」の「ば」は略さないので、「ば」を加えます。

2 敬語

Q2　次の例文のうち、公文書として適切な用語を用いているとはいえない部分はどこですか？

1　資料をお持ちしていない方は、受付の職員から頂いてください。

2　処分に不服のある方は、審査係に申出ください。

公文においても、敬語を用いる必要のある場合は少なくありません。この場合の敬語の使い方は、相手方に対する礼を失しない範囲で、できるだけ簡潔なものとします。

敬語の使い過ぎや誤用は、相手方に不快感を与え、逆効果となるので、避けなければなりません。

(1) 公文に普通使う敬語の型

ア　丁寧形

(ア)「です・ます」体

(イ) 丁寧の意味を含む代名詞など

例　私（わたくし）　どちら　いかが

(ウ) 接頭語の「お」「ご」

例　お茶　お菓子　お米　御褒美

イ　尊敬形

(ア) 尊敬の助動詞「れる」「られる」

(イ)「お……になる、お……なさる、お……くださる」

(ウ) 尊敬の意味を含む動詞

例 なさる　くださる

(エ) 尊敬の意味を含む代名詞

例 あなた　どなた

(オ) 接頭語の「お」「ご」、尊敬の意味を含む接頭語・接尾語

例 お話　御親切　貴社（県）　あの方　○○さん

社長がお呼びです。

なお、相手は、原則として「あなた」で表す。ただし、相手が団体、会社などの場合には、「貴県（社)」などとする。また、第三者は、原則として「○○さん」とする。ただし、職名など社会的な地位を表す言葉には、「さん」を付けない（「課長さん、博士さん」とはしない。）。あて名には「様、殿」を付けてもよい。

ウ　謙譲形

(ア)「お……する」

例 母が先生にお願いする。

(イ) 謙譲の意味を含む動詞

例 申す　いたす　いただく　伺う

差し上げる（物を差し上げる）

(2) 敬語の行き過ぎや敬語の間違いを避ける

ア　公文としては度の過ぎる敬語

例 でございます　であります

給う　遊ばす　召し上がる　いらっしゃる　おっしゃる

見える（「来る」という意味の場合）

お……申す　お……申し上げる　お……いたす　……あげる

参る　うけたまわる　申し上げる（「言う」という意味の場合）

○○様（殿）（あて名の場合を除く。）　み心　私の部下ども

イ　「お」「ご」の付け過ぎ

例　おしつけ　　おワイシャツ　　御保護者

ウ　多すぎる敬語

例　免許証をお受け取りになるとき、お名前以外のことを署名欄にお書きになったり、御自分で御署名にならなかったりなさいますと、免許証が無効になりますので、御注意ください。→ 免許証を受け取るとき、氏名以外のことを署名欄に書いたり、自分で署名しなかったりすると、免許証が無効になりますので御注意ください。

エ　敬語の重複

例　お召し上がりください → お食べください

オ　敬語の決まりに外れた表現

例　○番窓口に申込みください。→ ……お申込みください。……申し込んでください。

カ　敬語の型の使い間違い

例　どなたでも御利用できます。→ どなたでも御利用になれます。

キ　尊敬や謙譲の意味を含む漢語は、なるべく使わない

例　貴殿　貴下　先生　尊父　令息　令室　芳名　光来

ク　敬語の不統一

例　この道路は、駐車禁止区域となっていますので、駐車はご遠慮ください。違反車は、レッカー車で移動する。→ ……。違反車は、レッカー車で撤去します。

A2　1　資料をお持ちでない方は、受付の職員からお受け取りください。

「お持ちしていない」と「頂いて」は、敬語の型を使い間違えているので「お持ちでない」と「お受け取り」に改めます。

2　処分に不服のある方は、審査係に申し出てください。

「申し出ください」は敬語の決まりに外れた表現なので「申し出てください」と改めるのが適切です。

3 敬称

Q3 次の例文のうち、公文書として適切な表現を用いているとはいえない部分はどこですか？

> 平成21年7月1日
>
> （株）都政新報社　様
>
> 東京都総務局総務部文書課
>
> 文書事務説明会の開催について

あて先に付ける敬称は、原則として「様」を用います。ただし、役職名、組織名、機関名、団体名には「殿」を付けることが適当です。役職名の付いた個人名には「殿」を用いても差し支えありません。その他、次のような敬称も、適切と認められる場合には、用いることができます。

御中 → 企業や団体などの組織名に付ける。

各位 → あて先を同じ名称で記載した同一文書を複数の人に送る場合に用いる。

さん、君 → 賞状や感謝状などの場合に相手に応じて用いる。

A3

> 平成21年7月1日
>
> 株式会社　都政新報社　御中
>
> 東京都総務局総務部文書課
>
> 文書事務説明会の開催について

あて先が企業なので、ここでは「様」でなく「御中」を付けます。またあて先に（株）のように略語を用いるのは失礼に当たるので避けた方がよいでしょう。

4 送り仮名

Q4 次の例文のうち、公文書として適切な用語を用いているとはいえない部分はどこですか？

1 申請の手続きを御希望の方はこちらにお越しください。

2 手引きを参照して処理を行ってください。

公文における送り仮名の付け方は、次に記載する通則1から通則6までの本則・例外、通則7及び付表の語によります。ただし、複合の語のうち、活用のない語で読み間違えるおそれのない語については通則6の許容の例により、送り仮名を省きます。

その具体的な適用の仕方を示すと、次のとおりです。

(1) 単独の語

ア 活用のある語

【通則1】

本則 活用のある語（通則2を適用する語を除く。）は、活用語尾を送る。

例 表す　著す

例外 (ア) 語幹が「し」で終わる形容詞は、「し」から送る。

例 著しい　惜しい

(イ) 活用語尾の前に「か」、「やか」、「らか」を含む形容動詞は、その音節から送る。

例 暖かだ　細かだ

(ウ) 次の語は、次に示すように送る。

明らむ　味わう

【通則2】

本則　活用語尾以外の部分に他の語を含む語は、含まれている語の送り仮名の付け方によって送る（含まれている語を〔　　〕の中に示す。）。

例　(ア) 動詞の活用形又はそれに準ずるものを含むもの

動かす〔動く〕　照らす〔照る〕

(イ) 形容詞・形容動詞の語幹を含むもの

重んずる〔重い〕　若やぐ〔若い〕

(ウ) 名詞を含むもの

汗ばむ〔汗〕　先んずる〔先〕

イ　活用のない語

【通則3】

本則　名詞（通則4を適用する語を除く。）は、送り仮名を付けない。

例　月　鳥　花　山

例外　(ア) 次の語は、最後の音節を送る。

例　辺り　哀れ

(イ) 数を数える「つ」を含む名詞は、その「つ」を送る。

例　一つ　幾つ

【通則4】

本則　活用のある語から転じた名詞及び活用のある語に「さ」、「み」、「げ」などの接尾語が付いて名詞になったものは、元の語の送り仮名の付け方によって送る。

例　(ア) 活用のある語から転じたもの

動き　仰せ

(イ)「さ」、「み」、「げ」などの接尾語が付いたもの

大きさ　正しさ

例外　次の語は、送り仮名を付けない。

揺　虞　趣

【通則5】

本則　副詞・連体詞・接続詞は、最後の音節を送る。

例　必ず　更に

例外　(ア) 次の語は、次に示すように送る。

明くる　大いに

(イ) 次のように、他の語を含む語は、含まれている語の送り仮名の付け方によって送る（含まれている語を〔　〕の中に示す。）。

例　至って〔至る〕　恐らく〔恐れる〕

ウ　表に記入したり、記号的に用いたりする場合には、次の例に示すように（　）の中の送り仮名を省く

例　晴（れ）　曇（り）　問（い）　答（え）　終（わり）　生（まれ）

(2) 複合の語

【通則6】

本則　複合の語（通則7を適用する語を除く。）の送り仮名は、その複合の語を書き表す漢字の、それぞれの音訓を用いた単独の語の送り仮名の付け方による。

例　(ア) 活用のある語

書き抜く　流れ込む

(イ) 活用のない語

石橋　竹馬

例外　活用のない語で読み間違えるおそれのない語については、次の例に示すように送り仮名を省く。

明渡し　預り金

【通則7】

複合の語のうち、活用のない語で慣用が固定していると認められる次の例に示すような語については、送り仮名を付けない。

例　合図　合服

(3) 付表の語

常用漢字表の「付表」に掲げてある語のうち、送り仮名の付け方が問題となる次の語は、次のようにします。

ア　次の語は、次に示すように送る

浮つく　お巡りさん　差し支える　五月晴れ　立ち退く
手伝う　最寄り

イ　次の語は、送り仮名を付けない

息吹　桟橋　時雨　築山　名残　雪崩　吹雪
迷子　行方

A4　1　申請の手続を御希望の方はこちらにお越しください。

2　手引を参照して処理を行ってください。

「手続」と「手引」は、公用文の中で送り仮名の誤りで多く見受けられる例です。いずれも送り仮名は付けません。ただし、「手引きをする」と書く場合は、送り仮名を付けます。

5 数字

Q5　次の例文のうち、公文書として適切な用語を用いているとはいえない部分はどこですか？

1　住所　東京都新宿区西新宿2丁目8番1号

2　5月の申請書類は120000件に上った。

(1) 縦書きの場合

一、二、三、十、百（特に必要がある場合には、壱、弐、参、拾）などの漢数字を使います。

次のように発音に従って書きます。

千九百八十五年　二億一千万円　十分の三　三十八倍　二の三乗

ただし、多数の数を列記したり、表の形で書いたりする場合などで、特に見やすさを必要とするときは、次のように、アラビア数字の書き方に倣い、けたを数字の位置又は「〇」で表してもよいです。

二〇・七一メートル

一、五五二・三キログラム

××区××二丁目三〇番二五号

なお、条文の形式をとる公文の中では、条文の項を示す項番号にアラビア数字を使うことになっています。

(2) 横書きの場合

1、2、3、0などのアラビア数字を使います。十、百などのけたは、数字の位置で表します。ただし、次のような場合には、発音に従って書きます。

10分の3　　2の3乗

（表の中に書く場合などで、特に必要があるときには、「$\frac{3}{10}$、2^3」のように書いてもよいです。）

なお、次の場合は、漢数字で書きます。

ア　固有名詞を表す場合

青山一丁目　　五島列島

イ　概数を表す場合

数十日　　四五日　　二三の

ウ　数量としての意味が薄い言葉を表す場合

一般　　一部分　　二者択一　　三日月　　四分五裂

エ　けたの大きい数を表す場合

3億　　15万

（千の字は、予算書などに限って使ってもよいです。）

オ　「ひと、ふた、……つ」、「ひとつ、ふたつ……とお」と読む言葉を表す場合

一休み　　二言目　　三つ子　　四つ目

一つ　　二つ　　九つ　　十（とお）

A5　1　住所　東京都新宿区西新宿二丁目8番1号

固有名詞を表す場合、横書きでも漢数字を用いるので「西新宿二丁目」とします。

2　5月の申請書類は12万件に上った。

けたの大きい数を表す場合、横書きでも漢数字を用いるので「12万件」とします。

6 符号

Q6　**次の例文のうち、公文書として適切な用語を用いているとはいえない部分はどこですか？**

1　新宿駅～東京駅に電車で向かいます。

2　関係者控室の前に『立入禁止』の標札を立てる。

(1) 通常用いる符号

ア　。（丸）

文の句点として使う。文の切れ目には、必ず打つ。

なお、次のような点に注意する。

(ｱ) 括弧やかぎ括弧の中でも、文の切れ目には、必ず打つ。

例　東京都知事（以下「知事」という。）

「……することができる。」との定めにより、……

(ｲ) 題目や標語を掲げる場合には、句点を打たない。

例　○○規程の制定について（依命通達）

手を挙げて横断歩道を渡ろうよ

(ｳ) 表彰文には、句点を打たない。

(ｴ) 名詞止めで事物を表す場合には、原則として句点を打たない。

例　事件の確定した日

ただし、次の場合には、句点を打つ。

a　「こと、とき」で文を止める場合

例　日時をカードに記録すること。

b　その後に、更に文章が続く場合

例　禁錮《こ》以上の刑に処せられた者。ただし、その執行を終えた者を除く。

……条例（平成○年東京都条例第○号。以下「条例」という。）

(ｵ) 完全に言い切らずに、文中の副文とする場合には、句点を打たない。

例　……することができるという定めがある。

どのようにすべきかが問題である。

イ　、（点）

文の読点として、語句の切れ目を明らかにし、その意味や続き方を示すために使う。

なお、横書きの文では、読点として、「、」の代わりに「，」（コンマ）を使ってもよい。

読点の使い方は、次のとおりである。

(ｱ) 叙述の主題となる文節の後に打つ。

例　この条例は、公布の日から施行する。

ただし、叙述が簡単で打たなくても分かる場合、対句の中などで打たない方が文の構造がはっきりする場合には、読点を打たない。

例　海は青い。

彼は、身長は 180センチメートル、体重は80キログラム、胸囲は120センチメートルある。

(イ) 対等に並列する語句の間に打つ。

例　航空機、船舶、電車、自動車等の交通機関

目で見、耳で聞き、手で触れて確かめる。

ただし、「及び、又は」などの接続詞又は「と、や、か」などの助詞を用いて事物の名称を並列する場合には、読点を打たない。

例　局長と部長と課長

都道府県及び区市町村

父母、兄弟又は姉妹

叙述の語句を「及び、又は」などで並列する場合には、読点を打つ。

例　意見を述べ、又はその権利を留保する。

(ウ) 限定、条件などを表す語句の後に打つ。

例　特に必要があれば、この限りでない。

(エ) 文の始めに置く接続詞又は副詞の後に打つ。

例　なお、決定したならば……

したがって、本件については……

(オ) 読み違いや読みにくさを避けるために必要な所に打つ。

例　ここで、はきものを脱いでください。

(カ) 表彰文には、読点を打たない。

(キ) 縦書きの文で、けたを表す漢数字を使わずに数を表す場合に、千、百万、十億等のけたを示す符号として使う。

例　一、二三四、五六七円

ウ ・(中点)

(ア) 事物の名称を列挙する場合で、読点を使うことが適当でないときに使う。

例　委員長・委員、児童・青少年の育成

(イ) ２語以上からなる外来語、外国の地名・人名を書き表す場合に、語の切れ目を示すために使う。

例　アダム・スミス　ファイリング・システム

(ウ) 縦書きの文でけたを表す漢数字を使わずに数を表す場合に、単位を示す符号（小数点）として使う。

例　六七・五キログラム

エ　，（コンマ）

アラビア数字で数を表す場合に、けたを示すために使う。

例　1,234,567,000円

なお、「，」は、横書きの文で「、」の代わりに読点として使ってもよい。

オ　.（ピリオッド）

アラビア数字で数を表す場合に、単位を示す符号（小数点）として使う。

例　67.5キログラム

カ　（　）（括弧、丸括弧）

注記をする場合に使う。

注記の中で更に注記をする場合には、更に丸括弧を使う。

文に注記を付ける場合には、その文の句点を注記の後に打つ。ただし、二つ以上の文、段落の全体又は文章の全体に注記を付ける場合には、注記のすぐ前の文の句点を注記の前に打つ。

例　………（………。）。

……………。………………。（………。）

キ　「　」（かぎ括弧）

引用する語句などのように、特に明示する必要のある事物の名称又は語句を示すために使う。

(2) 通常用いない符号

次に例示するような符号は、原則として使わない。ただし、これらを使えば公文がよりよく理解できるようになる場合など、特に必要がある場合は、使ってもよい。

ア　『　』（二重かぎ括弧）

かぎ括弧の中で更に明示する必要のある事物の名称又は語句を示すため

に使う。

イ 〔 〕(角型括弧)

ウ { }(くくり型括弧)

エ ――(ダッシュ)

語句の説明や言い換えをする場合に使う。

オ ～ (波型)

表の中などで、「……から……まで」という意味を示す場合に使う。

カ ー (ハイフン)

キ ―→ (矢印)

ク {、〔 (くくり)

ケ 々、〃(繰り返し符号)

A6 1 新宿駅から東京駅まで電車で向かいます。

～は表の中などで用いる場合がありますが、公文の場合では用いません。

2 関係者控室の前に「立入禁止」の標札を立てる。

『 』はかぎ括弧の中でさらに明示する必要のある事物の名称又は語句を示すために使うので、通常の場合では用いません。

7 項目に付ける符号

Q7 **次の例文のうち、公文書として適切な用語を用いているとは言えない部分はどこですか?**

ア　公文書の形式

1　通知文

(1)　通知文の意義

(ア)　性質による分類

(イ)　形式及び作成上の注意

項目に記号を付ける順序は、原則として次のとおりである。

(1)　横書きの場合

第1	1	(1)	ア	(ア)
第2	2	(2)	イ	(イ)
第3	3	(3)	ウ	(ウ)

(2)　縦書きの場合

第一	一	(一)	ア	(ア)
第二	二	(二)	イ	(イ)
第三	三	(三)	ウ	(ウ)

ただし、次のような場合は、例外とする。

ア　条文形式をとる公文では、章・節・款・目、条・項・号という特有の項目の立て方をするので、上記によらない。

イ　項目の段階が多い場合には、横書きの記号と縦書きの記号とを交互に使ったりアルファベットやローマ数字を使ったりしてもよい。

例

第1	1	一	(1)	(一)	ア	(ア)	a	I
第2	2	二	(2)	(二)	イ	(イ)	b	II

第一	一	(一)	(1)	ア	(ア)	a	I
第二	二	(二)	(2)	イ	(イ)	b	II

ウ　項目の段階が少ない場合には、必ずしも「第1」又は「第一」から始める必要はない。

A1

第１　公文書の形式

1　通知文

(1) 通知文の意義

ア　性質による分類

イ　形式及び作成上の注意

横書きの場合は以下の順序で項目に記号を付けます。

第1	1	(1)	ア	(ｱ)
第2	2	(2)	イ	(ｲ)
第3	3	(3)	ウ	(ｳ)

コ・ラ・ム

お役所言葉

公文書で用いる言葉、文章は、前例どおりに踏襲したりあるいは不断の見直しを怠ると、とかく古めかしく、あるいは堅苦しい印象を与え、「お役所言葉」と言われるようになります。言葉は時代とともに変化します。作成者は次に掲げる項目を参考に、分かりやすく、親しみやすい表現を工夫していくことが望ましいです。

（気になる表現や用語）→（言い換えの例）

鋭意　→　努めて　懸命に

講ずる　→　実施します　行います　努めます　します

今般　→　このたび

…図られたい　→　…するようにしてください　…をお願いします

返戻する　→　返します　戻します

3日目 起案文書の作り方

3日目は起案文書の作り方について学びます。起案は公務員が事務事業を行う上で避けて通れない文書作成です。いわば基本といえます。しっかり身につけましょう。

1 意思決定と起案

Q1 次の設問は正しいですか？　誤りですか？

1　電話照会に対する回答など極めて軽易な事案も、すべて起案する必要がある。

2　決定書方式では決定権者が自ら起案することもできるが、決定権者が自己の指揮監督する職員のうちから指定し、方針を示して起案させることもできる。

国や地方公共団体のような組織体が、組織目標を達成するために何をなすかを決めることを「**意思決定**」といいます。意思決定の方式としてはりん議方式又は決定書方式がありますが、いずれも原則として文書によって行われます。

(1) りん議方式と決定書方式の違い

ア　りん議方式

意思決定の方式として官公庁、一般企業で広く採用されている方式は、**りん議方式**と呼ばれるものです。

りん議方式の特性を具体的に見てみると、

① 個々の事案について一件ごとに

② 意思決定をするために

③ 担当者（下位者）が原案を作成し

④ 関係者に回付して承認を得た後

⑤ 最高管理者の決裁を受ける

⑥ 文書による様式行為

であるといえます。

りん議方式については、一般に次のような長所及び短所が指摘されています。

【長所】

・　下位者によって原案が作成されるため、実際的な案が出やすい。

・　上下のコミュニケーションを良くする。

・　職員のモラール向上に役立つ。

【短所】

・　非能率的である。

・　形式主義に陥りやすい。

・　責任の所在が不明確である。

・　大所高所からの立案ができない。

・　最高管理者のリーダーシップが欠如する。

・　最高管理者の負担が増大する。

イ　決定書方式

りん議方式には、上記のような欠点があり、この方式によって迅速な決定、効果的な決定を行えないとする批判があります。昭和39年9月、臨時行政調査会は国に対し「事務運営の改革に関する意見」を答申しました。この意見にはりん議制度の改善が含まれ、特に決定の結果の責任を重視し、このことを形式的にも明確にするため、従来の「りん議の様式」を**「決定書様式」**に改めるべきであるとし、決定書を用いた場合の運営の具体的方法を示すとともに、決定の情報、報告、コミュニケーション等の機能は別種の事務として処理すべきであると勧告しています。

現行の決定書方式は、

・　決定権者が自ら決定案を作成し、決定することができる。
・　経常的、定例的、多量発生的事案については、その決定を包括的処理方針を示して下位に委譲できる。
・　決定に関与する者の範囲とその責任を明確にしている。

こうした点で、決定書方式は、決定権者のリーダーシップと責任を重視した意思決定方式であるということがいえます。

東京都では決定書方式を採っていますので、この章では決定書方式に沿って説明していきます。

りん議方式
決裁（決裁者）
回（合）議

→

<table>
<tr><th colspan="2">決定書方式</th></tr>
<tr><td colspan="2">決定（決定権者）</td></tr>
<tr><td rowspan="3">決定関与</td><td>審議</td></tr>
<tr><td>協議</td></tr>
<tr><td>審査</td></tr>
</table>

(2) 起案

「起案」とは、行政が事務事業を行う上で必要となる意思決定に係る原案（以下「決定案」という。）を作成することをいい、この当該原案を記載した文書又は電磁的記録を**「起案文書」**といいます。

事案の決定は、起案文書に決定する旨を表示し、かつ、決定権者が署名若しくは押印し、又は電磁的に記録する方式で行うこととされています。起案は極めて重要な事務です。

起案の方法としては、主に情報システム（東京都では文書総合管理システム）による電子起案方式と起案用紙による書面起案方式があります。

起案は原則として、起案者が事案の内容その他所要事項を文書総合管理システムに入力し、起案した旨を電磁的に表示し、記録することにより行う情報システムによる方式（電子起案方式）で行います。ほかに、主務課長が事務処理の効率化等の観点から合理的であると認めるときは、規則で定める起案用紙を用いて行う起案用紙による方式（書面起案方式）や、その他軽易な事案の場合は、当該収受文書の余白を利用して行う簡易処理方式などがあります。

A1 1　誤り。決定の文書主義の例外として、事務連絡や会議への出席者の決定等で記録にとどめておく必要のない極めて軽易な事案は、起案文書によらず事案の決定をすることができます。

2　正しい。通常、決定権者は作成責任者（起案者）を指定し、その者に起案させます。起案者は、必ずしも自らペンを執って起案文書を作成する必要はなく、起案文書を作成する者が起案者とは別に存在していても差し支えありません。この場合の起案文書作成者を「事務担当者」といいます。

起案者は、決定権者の区分に応じ、東京都では次のように定められています。

決定権者	作成責任者（起案者）
知事（知事から権限の委譲を受けた事案を決定する場合の副知事を含む。）	課長（副参事及び専門副参事を含む。）以上の職位にある者
局長	係長、主査又は担当係長以上の職位にある者
部長	
課長	係員以上の職位にある者

2 起案の要領

Q1 **起案について、正しい説明はどちらですか？**

1　先方文書の発信者名は知事名で、知事宛に依頼があった。回答する際の発信者名は部長名で送付できる。

2　起案内容については、法律的観点、行政的観点、財政（会計）的観点の3つの観点から検討する必要がある。

起案文書を作成する際の留意事項は、次のとおりです。

(1) 一般的留意事項

ア　決定権者の指示を理解する

起案文書を作成する際には、前もって決定しようとする内容について検討がなされるのが通例です。これらの検討を踏まえて決定権者（事務担当者は起案者又は決定権者）から必要な指示が与えられるので、その内容を十分理解し、不明な点を解明しておく必要があります。

イ　目的、根拠、対象を明確に把握する

起案しようとする事案について、何を、あるいは何について意思決定するのかを明確に把握することが必要です。

また、根拠法令は何か、何を対象とするのかなどについても十分検討し、正確を期さなければなりません。

ウ　内容を検討する

起案の構想後、次の三つの観点から、起案内容について検討してみる必要があります。

(ｱ) 法律的観点

a　権限を逸脱してはいないか。

b　処理手続に誤りはないか。

c　文書の形式と内容が一致しているか。

d　法令の適用に間違いがないか。

(ｲ) 行政的観点

a　公益に反しないか。

b　裁量の判断は適切か。

c　対外的影響はどうか。

d　これまでの方式と比較してどうか。

e　施行時期は適切か。

f　経過措置は必要ないか。

g　必要事項に漏れはないか。

(ｳ) 財政（会計）的観点

a　予算上の措置がなされているか。

b　将来損失が生じたり、負担を負ったりすることはないか。

c　収入・支出の手続は正しいか。

以上の点を「(3)　起案文の構成」に書かれているような要領で適切に起案文書に盛り込むようにします。

エ　読む人の立場に立ってみる

起案文書は決定関与者、決定権者等に、施行文書は受信者等に読まれることとなるので、これらの人々が起案者又は発信者の真意を容易に理解できるよう、自分が読み手になったつもりで起案しなければなりません。特に、対外文書については、その文書が当該行政機関の文書として一般に流れていくものであるので、受け取る人に不快感や誤解を生じさせないよう十分留意する必要があります。

オ　下書きをしてみる

起案文書が長文にわたる場合は、構成、内容等について、事前に下書きをしてみるのも、読みやすく、分かりやすい起案文書を作成するための一つの方法です。起案文書を作成してから何回も訂正すると、読みにくくなるばかりでなく、起案内容について誤解を招くおそれもあるので、このようなことがないように起案の理由、決定の内容、説明文等を事前に項目別に整理し、順番に並べてみることも必要です。

(2) 起案文書の用字、用語等

起案文書の文体、用字、用語等は、地方公共団体の公文規程等の定めるところによります。

(3) 起案文の構成

起案用紙には次の要領で記載します（文書総合管理システムにより起案を行う場合も同様。）。

ア　説明文

起案理由、根拠法令、従来の経過、処理方針等を簡潔に記載し、決定の際の判断資料とします。

事案が定例的かつ軽易なものである場合は、起案用紙の決定文欄に何を決定するかのみ記載します。

イ　本文

起案文書の本体を成す部分であり、これにより意思決定の内容が決まるので、本文の作成に当たっては、「(1) 一般的留意事項」を確認の上、正確かつ適切に作成するように心掛ける必要があります。

(注) 本文と説明文が一文になっている文書を見受けますが、これらが一緒になってしまうと何を決定するのかがはっきりしなくなるので、両者を明確に書き分ける必要があります。

ウ　別紙、別表、別記様式

起案文書は、簡潔で、見やすいことが望ましいですが、事案によっては、複雑で、長文になる場合もあります。このような場合は、起案用紙自体には、ポイントのみを整理して記載し、細かい内容を書かなくてはならない部分については、「○○については別表（別紙）のとおり」として、表等を使用し、別に記載した方が、読みやすく、分かりやすい起案文書が作成できます。

エ　参考資料

起案文書に、参考資料、関係書類等がある場合は、起案文書の最後部にとじ込み、インデックスでその旨を明示しておきます。

また、地図、図面等直接とじ込めないようなものについては、書類袋に入れて起案文書の最後部にとじ込んでおきます。

(4) 起案後の検討

起案文書を書き終わったら、それが完全なものであるかどうか、もう一度検討してみます。

【チェック項目】

- □ 施行の方式は → 告示か公告か、訓令か通達か、特別送達か手渡しか等
- □ 決定区分は → 適切か。
- □ 協議先は → 漏れはないか、余計なところはないか等
- □ 発信者名、あて先は → 均衡がとれているか等
- □ 添付資料は → 内容は適切か、必要にして最小限か等
- □ 様式書類の場合の様式は → 様式が違っていないか。
- □ 用字、用語、文体等は → 公文規程等に適合しているか等
- □ 文章の配列順序は → 適切か。
- □ 誤字・脱字は → 訂正の場合は、訂正印を押す。
- □ 件名は → 適切か、括弧書きは付記してあるか等
- □ その他必要事項の漏れはないか。

A1

1　誤り。発信者名及びあて先が知事名で依頼された先方文書に対しては、原則知事名で相手方に回答します。

2　正しい。

起案用紙の例（東京都）

保存期間	年	分類記号		引継ぎ

文書記号・番号	第　　号		処理経過	施　行	年　月　日
文書の取扱い		上の注意・回付・施行		決　定	年　月　日
				施行予定	年　月　日
				起　案	年　月　日
先方の文書	年　月　日　第　号			収　受	年　月　日

あて先		発信者名		浄書照合	公印照合・押印	発　送

決定権者	知	局	部	課	件名	

起案	局　起案者　事務担当者 部（所） 課　電話	審査	文書課長	文書主任	文書取扱主任

審議	副知事	主管局長	主管部長	主管課長	主管係長

協議 決定後供覧	

3 決定関与

Q1 **起案及び決定関与について、正しい説明はどれですか？**

1　文書主任又は文書取扱主任が自ら起案者となり作成した起案文書の場合は、当該文書を自ら審査することができない。

2　協議者のうち一人でも協議に応ずることができない場合、決定権者は当該文書を決定することができない。

3　審議者が不在で至急に決定を要するときは、あらかじめ指定する他の者に臨時代行させることができる。

「決定関与」とは、事案の決定権者以外の者で、その事案の処理について何らかの関係を有し、決定内容に意見を表明すべき職位にある者による、事案決定への意思表示をいいます。

決定関与には、**審議、審査**及び**協議**の3種類があります。

(1) 審議

主管の系列に属する者がその職位との関連において、起案文書について調査検討し、その内容及び形式に対する意見を決定権者に表明する行為

(2) 審査

主として法令の適用関係の適正化を図る目的で起案文書について調査検討し、その内容及び形式に対する意見を表明する行為

(3) 協議

主管の系列に属する者と、それ以外の者とが、それぞれ、その職位との関連において起案文書の内容及び形式についての意見の調整を図る行為

A1 1　誤り。自らが起案者であったとしても、文書主任又は文書取扱主任の立場で審査を行うため可能です。

2　誤り。協議者は協議に応ずることができない場合、その理由を明示します。協議の結果、決定案の内容を変更するときは、その変更の経過及び理由が起案文書上分かるようにしておきます。したがって決定権者は、協議者が応じないからといって、当該文書を決定することができないわけではありません。

3　正しい。なお、審議者である部長が不在で、部長があらかじめ指定する課長もまた不在で、その課長があらかじめ指定する係長が審議を臨時代行するといった「臨時代行の臨時代行」は認められません。

4 文書の施行

Q4 **施行文書に公印を押印する際に、気をつけるべき点は何ですか？**

決定された事案の実施に当たって、相手方に対し、文書で意思及び事実を伝達することを**「施行」**といいます。

文書の施行に関する事務としては、**浄書・照合・公印・発送**の事務等があります。

浄書とは、決定された起案文書の案文に基づき、施行文書を作成することです。また、起案文書の案文と浄書文書とが同一のものか否かを照らし合わせ、誤りがないか確認することを**照合**といいます。照合は、一般に「読み合わせ」ともいわれ、浄書と照合と常に一体を成すものです。

施行文書には原則として**公印**を押印します。公印が押された文書は、その内容の真実性を公証するという機能を有し、当該行政機関が作成した文書であることを認証するという重要な役割を持っています。

このようにして作成した文書を電子送信、郵送、信書便による送付、集配等の方法で送ることを**発送**といいます。発送は、迅速かつ正確、経済性にも配慮します。

A1 公印押印の際には次の点に気を付けます。年度や日付の間違え、「申請の許可」に丸を付けるべきところ「却下」に丸を付けてしまったなど、うっかり見落としてしまったために結局用件を満たしていない公文書を作成しないよう、発送前にもよく確認しましょう。

◇決定済みの起案文書であるか（決定前に公印を押していないか）

□決定権者の押印があるか

□審議等回付先の押印があるか

◇起案日と文書記号・番号に矛盾はないか

例　起案日が平成21年4月30日なのに文書記号・番号が「20○○○第××号」になっている

◇起案文書と施行文書の内容が一致しているか

□施行文書の文書記号・番号が起案文書のとおり記入してあるか

□金額が誤っていないか

□契約書等の重要な施行文書の添付資料が揃っているか

□先方の文書がきちんと記載されているか

□施行文書を作成するのに必要な情報が揃っているか

◇施行年月日に誤りがないか

◇決定日と施行文書の日付に矛盾がないか（遡及適用の可能性はあるか）

◇施行文書が公文規程による基準や法令等に定められた様式に即しているか

◇あて先や発信者名に誤りがないか

□発信者とあて先の均衡はとれているか

□あて先に正しい敬称が付いているか（**例**　法人 → 御中）

□あて先に略称を使用していないか（**例**　㈱ → 株式会社）

◇正しい送り仮名を付けているか

例　平成21年7月30日付21○○○第××号による実績報告に～

　　平成21年7月30日付けの実績報告に～

◇文章の改行は適切か

◇公印を体裁よく押すスペースがあるか

◇契約書など重要な施行文書をきちんととじたり、袋とじにしているか

自分の所属する地方公共団体の起案について調べてみよう。

1　起案はりん議書方式ですか？　決定書方式ですか？

2　起案の回付順序はどうなっていますか？

3　電子決定できる情報システムを導入していますか？

コ・ラ・ム

印章にまつわるお話

日本には遥か昔から印章を使用する文化が、根付いてきました。ここでは印章にまつわるお話を紹介していきます。

「日本最古の印章」

日本では、天明４年（１７８４年）に筑前国志賀島から「漢倭奴国王」と刻印された金印が最古の印章とされています。この漢倭奴国王印に見られるように歴史上は「陰刻」が一般的でした。これは印章が「封泥」に押印するために使用されていたことに由来します。「陰刻」とは文字が印材に彫られ、押印すると、印字が白抜きに現れる印章です。これに対し、「陽刻」とは文字の周りが彫り抜かれ、押印すると文字の部分が朱肉によって表れる印章です。現在では「陽刻」の印章が一般的です。

「印章の材質」

印章の材質としては、プラスチック、柘、琥珀、水牛、象牙等が挙げられます。印章としての機能は同じですが、材質により朱肉の着きやすさ、耐久性などが当然違ってきます。東京都では従来知事公印に象牙を用いていましたが、象牙は耐久性に乏しく、また象牙の輸入がワシントン条約で禁止されたこともあり、その材質を変更することになりました。平成４年４月以来、東京都ではチタン合金を用いた知事公印を使用しています。

「印章の日」

明治６年１０月１日付け太政官布告により「署名と実印を押す制度」が定められました。それ以来、「証書の姓名欄には本人が自書し、実印を押すこと。自分で名前を記すことが無理な場合は他人に書かせてもいいが、実印は必ず押さなければならない」ことになりました。これを記念し、印章業界では１０月１日を「印章の日」と呼び、記念行事を行っています。

4日目 電子文書の取扱い

4日目は電子文書の取扱いについて学びます。

近年、行政組織においても、文書管理の効率化や省コスト化を目指して、公文書の作成から意思決定、保存から廃棄に至るまでのライフサイクルを従来の紙文書に代えて電子文書により行う動きがあります。

その一方で、依然多くの地方公共団体では、コンピュータで公文書を作成するものの、意思決定や保存、管理は紙文書で行うため、電子文書と紙文書が併存し、業務の効率化や省コスト化にとってマイナスではないかという指摘もあります。ここでは電子文書の特性と、行政組織における電子文書の管理を押さえましょう。また、今後電子化を進める上の課題を認識し、電子文書の取扱いについて、基礎的な知識を身につけましょう。

1 電子文書の特性

Q1 紙文書と比べた電子文書固有の特性として、必ずしも正しいといえないものはどれですか？

1　記録媒体の劣化や損壊により、判読が困難となる場合がある。

2　保存場所をとらず、遠隔地間の送受信が一斉、迅速及び低コストで行える。

3　書換え等による改ざんが容易で、その痕跡が残りにくく、短時間で広範囲な漏えいが起こりうる。

4　短時間で大量に複製することが可能。また、過去データの再利用や修正が容易である。

5　表示規格や機器の陳腐化により、将来的に見られないおそれがある。

(1) 電子文書

文書とは、文字又はこれに代わるべき符号を用い、ある物体の上に、永続すべき状態において、特定人の具体的意思を記載したものをいいます(「狭義の文書」)。一方で、人の意思を記載する方法としては、文字又は符号による発音的方法と、図又は画による象形的方法(図画)とがあり、後者も「文書」の概念に含める場合もあります。また、情報通信機器の普及・進展に伴い、電磁的記録(電子的方式、磁気的方式その他、人の知覚によっては認識することができない方式で作られた記録)も一般化しており、これらも「文書」の概念に含める場合もあります(「広義の文書」)。

東京都では、「文書」の定義を狭義でとらえ、「文字又はこれに代わるべき符号を用い、紙の上に永続すべき状態において職務に係る事案を記録したもの」とし、「職務上作成し、又は取得した文書、図画、写真、フィルム及び電磁的記録」を「文書等」と定義しています。

特に、電磁的記録のうち、後述する「文書総合管理システム」による情報処理の用に供するため、当該システムに記録されたものを「電子文書」といい、「文書」(以下、媒体の差異を明確にするため、便宜上「紙文書」という。)と明確に区別しています。

(2) 電子文書の特性

電子文書は紙文書と比較して、保存場所をとらず、遠隔地への送付を一斉に、迅速かつ低コストで行えること(経済性)や、過去の作成文書の再利用や検索、修正が容易に行える(効率性、検索性)等の優れた特性を有してます。一方、改ざんやすり替え等の痕跡が残りにくく、短時間かつ広範囲な漏えいが起こりうる(機密性)等の特性も有しており、電子文書の作成や管理・運用に当たっては、こうした紙文書と異なる特性に十分留意する必要があります。

紙文書と電子文書の主な特性

紙文書の特性	
伝達性	広範囲にしかも長い時間にわたって、その表示内容を伝達できる。
客観性	他の伝達手段に比べて、伝達する人の感情や態度あるいは受け取る人の主観によって左右されることが少ない。
保存性	表示内容を長く将来にわたって保存できる。
確実性	他の表現手段に比べて、内容が確実性を有する。従って多くの事実に関して、証拠力を有する。

電子文書の特性	
経済性	保存場所をとらず、遠隔地間の送受信が一斉、迅速及び低コストで行える（ただし、基盤整備やセキュリティ対策等に要する費用を考慮する必要）。
効率性	短時間で大量に複製することが可能。また、過去データの再利用や修正が容易。
検索性	膨大なデータから特定の情報を検索することが可能（ただし、検索システムとの適切な連携が不可欠）。
完全性	記録媒体の劣化や損壊、予期せぬシステム障害などによる消失のおそれがある。
機密性	・書換え等による改ざんが容易で、その痕跡が残りにくい。 ・短時間で広範囲な漏えいが起こりうる。
見読性	・直接見ることができず、表示装置や印刷機器等が必要。 ・規格や機器の陳腐化により、見られなくなるおそれがある。

A1　1　正しい。電子文書の場合、記録媒体の寿命が短いとされており、作成された電子文書等を記録する電子媒体の寿命や再生環境の損失・陳腐化により、電子文書の見読性が損なわれてしまうリスクが高いといえます。紙文書においても、火災等物理的な消失・損失により、判読が困難となり得る場合があることに留意する必要があります（完全性）。

2　誤り。電子文書は、紙文書と比べて保存場所をとらず、また、情報処理システム等による送受信が可能であるため、郵便等物理的手段による必要がある紙文書と比べて、遠隔地間の送受信が一斉、迅速及び低コストで行えるという特性があります。(経済性)。
3　誤り。電子文書は、通信回線等を用いて遠隔地から書換え等を行うことが可能であり、また、対面方式をとらないため、なりすまし等による改ざんが容易であるとされています。さらに、痕跡が残りにくく、情報通信網を経由した短時間で広範囲な漏えいが起こりえます（機密性)。
4　誤り。電子文書は、紙文書と比較して、短時間で大量に複製することが可能です。また、過去に作成された電子ファイルの加工・修正等が容易であることから、効率性において優れた面があるといえます（効率性)。
5　誤り。電子文書は、紙文書のように直接見ることができず、表示装置やソフトウェア、印刷機器等が必要となります。このため、機器やソフトウェア等の消失や陳腐化により、将来的に見られなくなるおそれがあります（見読性)。

2 文書の電子化への対応

Q2　電子文書の原本性確保の要件である「見読性」を確保するための対策として有効なものは、次のうちどれですか？

1　電子文書の改ざん等を防止するため、当該電子文書に対するアクセスログを記録することにした。
2　電子申請を受け付ける際、本人を確認する手段として電子署名を付けさせることにした。
3　セキュリティの十分に確保されていないネットワークを経由した電子メールの送受信を禁止した。
4　電子文書の作成に当たり職員が使用するアプリケーションを統一した。
5　サーバー室を施錠できるようにし、部外者の立入りを禁止した。

(1) 文書の電子化の進展と対応

行政分野においても、今日、ほぼすべての文書が電子データとして作成されています。こうした状況に鑑み、多くの地方公共団体において、電子文書の定義や位置づけの整理、文書の電子化に対応した関連規定や情報基盤の整備が進んでいます。

東京都は、電子都庁推進計画（平成13年3月）に基づいて開発した「文書総合管理システム」を平成15年4月に稼動させ、内部認証システム、東京都高度情報化推進システム、財務会計システム、情報公開システム及び電子調達システム等、関連する業務情報処理システムとの連携を図ることにより、紙文書だけではなく電子文書等の電磁的記録を含めた、取得から廃棄までの文書のライフサイクルの一元的な管理を行っています。

また、この文書総合管理システムの全面稼働にあわせ、東京都文書管理規則（以下、文書管理規則）を改正し、電子文書の定義、収受の取扱い、電子起案及び電子決定など、文書の電子化に対応した諸規定の整備を行っています。更に、電子文書を始めとする情報資産の運用管理やセキュリティ対策の方向性、基準及び体制等について、東京都電子情報処理規程や東京都情報セキュリティポリシー等において必要な規定の整備を行っています。

以下、公文書の電子化を検討する上で課題となる電子文書の原本性確保の問題と、それを担保し文書の電子化を促進する主な技術基盤等について説明します。

(2) 電子文書における原本性の確保

既に説明したとおり、電子文書には経済性や効率性等のメリットがあるものの、完全性、機密性及び見読性などの点において留意すべき特性があり、そのライフサイクルの中で、当初に取得、作成及び保存等を行ったときの状態が維持されているのか判別が困難な場合があります。このため、電子文書の原本性の定義やその確保がしばしば問題とされます。

この点について、旧総務庁の共通課題検討会が取りまとめた報告書「インターネットによる行政手続の実現のために」(平成12年3月)においては、現行法令上、「原本」の定義及び要件を定めた規定がなく、紙文書においてもその定義等が明確ではないこと等から、電子文書についてのみ原本性の定義等を検討する必要性は乏しく、その実益もないと考えられています。

そして、同報告書では、「電子文書について、紙文書と比較した場合の保存・管理上の問題点が解決された状態にあるようにしておくこと」を意味するものとして、「電子文書の原本性を確保する」という文言を用いることとしています。同報告書が充足すべきとする電子文書の原本性に係る要件は、「完全性」「機密性」「見読性」の3点です。

ア　完全性

電子文書が確定的なものとして作成され、又は取得された一定の時点以降(原簿等追記型のものについては、追記した部分について、その追記した時点以降)、記録媒体の経年劣化等による電子文書の消失及び変化を防ぐとともに、電子文書に対する改変履歴を記録すること等により、電子文書の改ざん等を未然に防止し、かつ、改ざん等の事実の有無が検証できるような形態で、保存・管理されること。

イ　機密性

電子文書へのアクセスを制限すること、アクセス履歴を記録すること等により、アクセスを許されない者からの電子文書へのアクセスを防止し、電子文書の盗難、漏えい、盗み見等を未然に防止する形態で、保存・管理されること。

ウ　見読性

電子文書の内容が、必要に応じ電子計算機その他の機器を用いて直ちに表示できるよう措置されること。

一方、東京都では、東京都情報セキュリティ基本方針において、電子文書を含む情報資産について、以下の3点を維持することをもって、「情報セキュリティ」の定義としていることから、これら3要素(**完全性、機密**

性、**見読性**（又は**可用性**））が電子文書等の原本性確保の要件であると考えられます。

ア　機密性

情報にアクセスすることを認められた者だけが、情報にアクセスできる状態を確保すること。

イ　完全性

情報が破壊、改ざん又は消去されていない状態を確保すること。

ウ　可用性

情報にアクセスすることを認められた者が、必要なときに中断されることなく、情報にアクセスできる状態を確保すること。

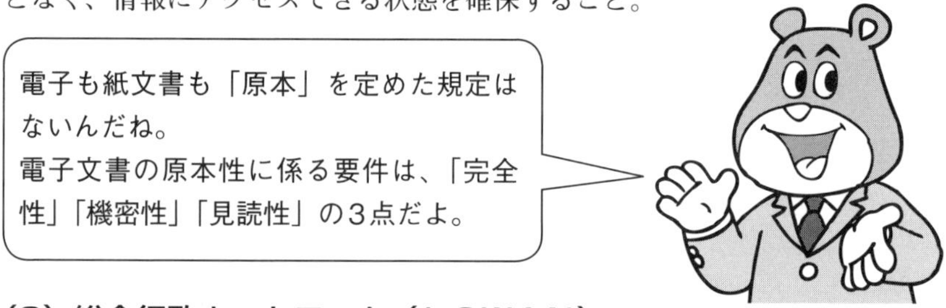
電子も紙文書も「原本」を定めた規定はないんだね。
電子文書の原本性に係る要件は、「完全性」「機密性」「見読性」の3点だよ。

(3) 総合行政ネットワーク（ＬＧＷＡＮ）

ＬＧＷＡＮとは、Local Government Wide Area Network の略で、総合行政ネットワークの略称です。

地方公共団体間を、閉ざされたネットワークで結び、電子文書交換、ＬＧＷＡＮメール（電子メール）等を行うことができ、専用回線を使用すること及び電子署名を使用すること等により、電子文書の完全性及び機密性を保持しています。

電子文書交換は、システム上、アプリケーションや異機種間であっても統一されたデータ形式で送受信することを可能とするなど、見読性にも配慮をしています。また、ＬＧＷＡＮメールは、他自治体の組織端末等のあて先に、ＬＧＷＡＮ回線を自動的に経由して電子メールが送られるものであり、データが暗号化され、行政内の閉じられた専用回線を経由して相手先に届けられるため、通常のインターネットメールよりもセキュリティが高くなっているといえます。

(4) 電子署名と電子認証

電子署名とは、暗号技術等を利用し、なりすましや改ざんを防止するために用いられるものです。電子署名は、電子文書の原本性確保の要件のうち、主に「完全性」を担保するための有効な手段であり、紙文書における公印に相当するものであると考えられます。

電子認証とは、電子署名を実現するための技術的手段であり、相手方本人によるものであること（本人性）及び情報内容が途中で改ざんされていないか（非改ざん性）を公開鍵暗号方式などにより認証し、電子証明書により証明するものであり、紙文書における印鑑証明書のようなものと考えるとわかりやすいといえます。

東京都においては、平成14年の文書管理規則の改正により、総合行政ネットワーク（ＬＧＷＡＮ）の電子文書交換システムにより送信する電磁的記録について、電子署名を行うこととしています（文書管理規則第35条第2項）。

また、都民等が行う行政手続等についても、電子署名に係る地方公共団体の認証業務に関する法律（平成14年法律第153号）及び東京都行政手続等における情報通信の技術の利用に関する条例（平成16年東京都条例第147号。通称「オンライン通則条例」）等により、情報通信の技術を利用する方法により行うことができるような規定整備を進めています。

その中で電子認証された電子署名を、紙文書における署名等（署名、記名、自署、連署、押印その他氏名又は名称を書面等に記載すること）に代替する措置として位置づけています。

都民等が行う申請等については、東京都と都内の区市町村と共同で設立した「東京電子自治体共同運営協議会」が推進する「東京電子自治体共同運営サービス」において、多くの申請手続等が電子化され、自宅のパソコンからインターネットを利用して、原則24時間、休日でも利用することができるようになっています。

申請等に当たっての電子署名については、同サービスの中で、申請等の手続の種類・内容に応じてその要否が設定されており、当該申請等の根拠となる条例等の趣旨に沿った設定がされています。一方で、このサービスの利用者については、セキュリティ確保等の理由により、あらかじめ氏名等を登録し、利用者ＩＤを取得することが求められています。

このため、紙文書による申請の場合などその申請の種類によっては、必ずしも本人確認が求められていないものまで、実質的な確認を行っている可能性があります。この点については、今後、電子署名や利用者情報の登録が求められていないと考えられるものまで、個別の申請等を精査する必要があります。仮に本サービスにおいて登録が求められているものがあれば、サービスの設定変更や関連規定の整備等により、申請等の種類に応じて本当に必要と考えられる場合にのみ、電子署名や利用者ＩＤの登録を義務付ける等といった対応を検討する必要があります。

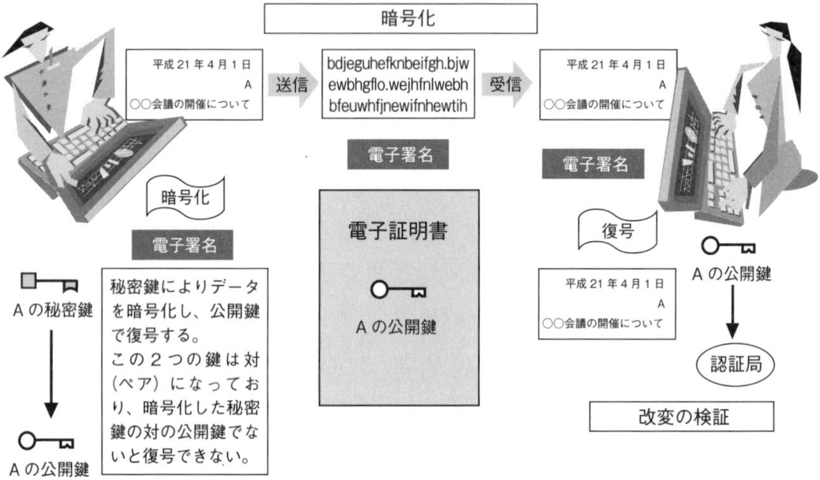

A1 1　誤り。電子文書の改ざん等を防止するため、当該電子文書に対するアクセスログを記録することは、主に「完全性」や「機密性」を担保するための対策といえます。

2　誤り。電子署名により、暗号技術等を利用し、なりすましや改ざんを防止することは、主に「完全性」を担保するための対策といえます。

3　誤り。セキュリティの十分に確保されていないネットワークを経由した電子メールの送受信を禁止することにより、情報漏えいやウイルスの侵入等を防止する効果が期待されます。主に「機密性」を担保するための対策といえます。

4　正しい。電子文書の作成に当たり職員が使用するアプリケーションを統一することは、「見読性」を向上させることにつながります。ただし、長期的には、当該アプリケーションの生産中止やバージョンアップなどにより、陳腐化するおそれもあり、抜本的な対策が必要となります。

5　誤り。サーバーを管理する部屋を施錠し、部外者の立入りを防止することは、主に「完全性」や「機密性」を担保するための対策といえます。

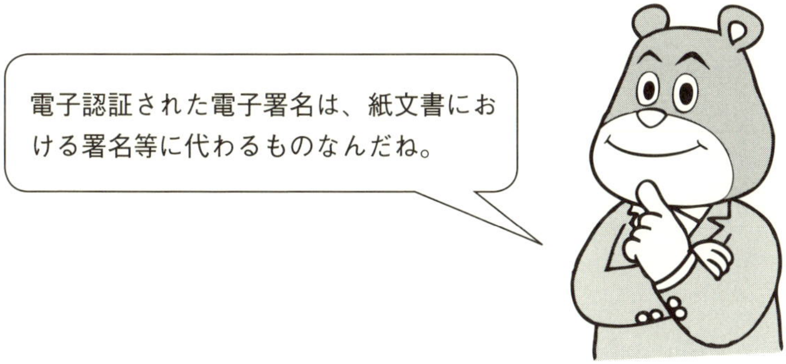
電子認証された電子署名は、紙文書における署名等に代わるものなんだね。

3　電子文書のライフサイクルと今後の課題

電子文書にも、紙文書と同様に、収受から廃棄までのライフサイクルがあり、それぞれに電子文書固有の取扱いや課題を抱えています。

以下、これまで説明してきた電子文書の特性や原本性確保の考え方などを踏まえ、各ライフサイクルにおける電子文書の取扱いや今後の課題等について、主に東京都の事例を念頭に説明をしていきます。

Q3　電子メールについて、以下のような対応を検討する場合、どのような点に留意しますか？

1　受信した電子メールに、時候の挨拶等業務上必要ない情報が含まれていたため、一部のみ加工し、収受できるようにしたい。
2　迷惑メールがメールサーバーの負荷を増大させていることから、迷惑メールがサーバーに到達した時点で一律に受信しない取扱いとしたい。
3　業務上必要な情報が含まれた電子メールと迷惑メールを識別できるようにするため、受信した迷惑メールの件名に自動的に「【迷惑メール】」などの表示を付加するようにしたい。

(1) 電子文書の収受

ア　電子文書の収受にかかわる課題

電子文書の収受に関連して、電子メールの取扱いが問題とされることがあります。ここでは、電子メールにかかわる収受上の課題を整理します。

(ア) 電子メールの収受文書としての取扱い

地方公共団体に到達する電子メールには、同一メールの本文中に、単なるコミュニケーションのために入力される情報（時候の挨拶等）と、行政に関する重要な情報が混在する場合があります。

この場合、電子メールの一部のみを収受すべき文書として処理できるかという疑問があります。これについては、電子文書の原本に改変を加えることになるため、原本性確保の点から難しいと考えられています。

なお、東京都においては、東京都高度情報化推進システム（通称「ＴＡＩＭＳ」）のサーバーに到達した電子メールのうち、収受処理を行うものについてはシステム上転送が可能となっています。この転送の際、電子メールの一部のみを転送することが可能な仕様とはせず、受信メールを原本のまま文書総合管理システムに転送するようにしています。

(イ) 電子文書と公文規程

本書では、１日目から３日目までの３日間で、公用文や起案文書の作り方について、基本的な知識を説明し、５日目以降で、公用文の種類に応じたルールについて説明していますが、これらのルールは電子文書にも適用されるか、確認します。

東京都では、1日目で学習したとおり、東京都公文規程において、公文の作成について最も一般的な事項と公文の種類ごとの形式とを定めていますが、この規程の策定された昭和42年当時は、電子文書という概念が想定されておらず、電子メール等の電子文書への適用を考えるとき、問題となる場合があります。

例えば、東京都公文規程では、5日目以降で学習するように、公文の種類ごとに、配字や表現等のルールが定められ、また、その施行細目においても、配字位置等の一般原則として、「文の最初の行及び新たに起した行の初めの一字分は空白とする。」というルールがあります。しかし、電子メールの場合、仮にメール本文や添付ファイルが、規程等に則って作成されていたとしても、付加される件名や送信元・送信先メールアドレスの情報は、メール本文とは別にメールソフトの仕様により任意に配置されてしまうため、東京都公文規程等に準拠しない場合があります。

文書の電子化を進める上で、電子メールと公文規程の整合は重要な課題です。今後、あらゆる電子文書に対応した規定づくりを進めていく必要があります。

(2) 電子文書による意思決定

ア　電子決定方式

電子決定方式とは、従来の紙文書による決定方式（以下、「書面決定方式」という。）とは異なり、事案を決定する旨を電磁的に表示し、決定することにより行う方式をいいます。

電子決定方式は、定例的に何度も同様の起案を行う場合や、関与者が多くかつ同時に協議を行っても支障がないと認められる場合等においては、意思決定に要する時間を大幅に短縮することができ、行政事務の効率化を図ることが可能となります。添付する文書が膨大である等の理由により添付文書を容易に電子化できない場合や、重要施策の実施に係る起案等、その内容について関与者、決定権者への詳細な説明が必要となる場合など、書面決定方式の方が合理的である場合もあります。

このため、東京都では、平成15年4月の文書管理規則の一部改正により、事案の決定は原則として電子決定方式で行うこととする一方で、事務処理の効率化等の観点から合理的であると認められるときは、書面決定方式による等適切な手段を選択することを可能としています。

なお、文書管理規則の解釈及び運用について（以下、「依命通達」という。）では、『事務処理の効率化等の観点から合理的であると認める場合』として、以下の3点を例示しています。

(ア) 起案文書に添付する文書を容易に電子化できない場合等(文書が膨大で電子化が困難な場合、収受文書が紙で電子化が困難な場合等)

(イ) 起案文書の回付に当たって、事案の内容を説明する必要がある場合等(重要施策の実施に係る場合、緊急で持ち回りが必要な場合等)

(ウ) 起案の内容が個人の情報を取り扱うもので特に慎重な取扱いを要する場合(人事に関する起案等)

イ　電子文書の施行

文書等の施行に関する事務についても、電子文書固有の規定を整備し、電子施行に対応しています。

(ア) 浄書及び照合

文書管理規則では、電子決定方式により決定された事案を施行する場合の規定を設け、文書総合管理システムを使用した電子文書の浄書及び照合に対応しています。照合者は、システム上に記録することとしています。

(イ) 公印及び電子署名

電子施行される文書については、物理的に押印を行うことができないため、紙文書における公印に代わる措置として、前述した電子署名等が必要となります。なお、単なる事実の通知、照会、回答等のいわゆる「軽易な文書」については、電子署名を省略することができるものとされています。

(ウ) 発送

東京都は、文書総合管理システムや電子メール、ＬＧＷＡＮを利用した電子文書による発送も想定し、システム等により文書等を発送する場合には、起案文書の回付・施行上の注意欄に「文書総合管理システム施行」、「電子メール施行」、「ファクシミリ施行」、「ＬＧＷＡＮ施行」、「フォーム入力施行」等と施行方法を明記しています。

ＬＧＷＡＮの電子文書交換システムを利用する場合は、既に説明したとおり、電子署名を付して送信を行うこととなっています。

一方、電子決定方式で決定された起案文書に基づく施行文書を庁内に対し電子文書で発送する場合は、原則として文書総合管理システムの施行機能を利用して行います。それ以外の電磁的記録の施行文書を発送する場合（例えば、書面決定方式で決定された起案文書に基づく施行文書のうち、公印を省略することができ、かつ秘密の取扱いを要しない文書等を電子メールに添付して送付する場合等）は、原則として東京都高度情報化推進システム（通称「ＴＡＩＭＳ」）等のセキュリティが確保された情報処理システムを利用して行います。

なお、公印の押印を要するもの、秘密の取扱いを要するもの及び規則の適用されない機関に送信する場合で相手側の同意が得られないものについては、文書総合管理システム又は情報処理システムによる送信の方法を用いることはできません。

(3) 電子文書の整理及び保存

ア　電子文書の取扱い

東京都は、文書総合管理システムに記録し、処理した電子文書は、同システムにより整理し、保存するものとしています（文書管理規則第38条の2)。また、常用文書の指定（文書管理規則第41条）や使用を終了した文書のファイル責任者への引継ぎ（文書管理規則第42条）についても、文書総合管理システムにより行います。

ところで、書面決定方式による決定の場合でも、電子決定方式による決定の場合でも、決定後に整理及び保存の対象となるのは、当該文書の原本となります。そこで、電子起案方式による事案決定等の過程で、紙文書の資料を添付する等、紙文書が介在した処理を行った場合、どちらを原本とするべきかという疑問が生じます。

東京都では、前掲依命通達第4の2において、こうした場合における取扱いを下記のとおり定め、電子文書を原本とする場合等について整理しています。

(ア) 電子文書について、文書総合管理システムによる収受の処理、電子決定方式による事案の決定等の電子的な処理を行った場合は、当該電子文書を原本として取り扱う。また、紙文書による収受の処理、書面決定方式による事案の決定等、紙文書で処理した場合には、当該文書を原本として取り扱う。

(イ) 電子収受又は電子決定を行った電子文書を文書総合管理システムを利用して紙に記録した場合は、電子文書を原本とし、紙はその写しとして取り扱う。

(ウ) 紙文書による収受の処理をした文書について、スキャナ等を利用して文書総合管理システムに記録した場合は、当該文書を原本とし、電子化した電子文書はその写しとして取り扱う。なお、収受文書以外の文書をスキャナ等で電子化し、起案文書等の添付ファイルとして使用した場合は、電子文書を原本として取り扱う。

イ　長期保存電子文書にかかわる課題

国及び地方公共団体は、歴史資料として重要な公文書等の保存及び利用に関し、適切な措置を講ずる責務を有しています（公文書館法第3条）。

地方公共団体には、歴史資料として重要な公文書等を保存し、閲覧に供するとともに、これに関連する調査研究を行うことを目的として、公文書館を設けているところがあります。東京都は、公文書館法施行以前の昭和43年10月に都政史料館と文書課の機能の一部を統合して、東京都公文書館を開設しました。

文書管理規則では、保存期間が長期の文書等（以下、「長期保存文書」という。）及び長期保存文書以外の文書等で公文書館長が引継ぎを求めた文書等については、公文書館へ引き継ぐこととなっています。

長期保存文書は、職務上作成し、又は取得した日の属する会計年度の翌々会計年度の初日から9年を経過する会計年度の初めまでの間（「長期文書引継期間」という。）に、当該文書等を公文書館長に引き継ぐこととし、電子文書については、この処理を文書総合管理システムにより行うこととしています（文書管理規則第49条第1項）。

なお、公文書館長が長期保存文書以外の文書等で公文書館において保存する必要があると認める文書の引継ぎを求めたときは、法令により廃棄しなければならないとされている場合等、特別の理由がある場合を除き、その求めに応じて引継ぎを行うこととしています（文書管理規則第54条）。

長期保存文書は、30年以上もの長期にわたり保存される文書であり、特に電子文書においては、長期保存に伴う電子文書固有の課題があります。電子文書等の長期保存にかかわるリスクとしては、主に以下の3点が考えられます。

(ｱ) 媒体・ハードウェア等に起因するリスク

電子媒体は、紙やマイクロフィルム等の非電子媒体に比べて寿命が短いとされており、作成された電子文書等を記録する電子媒体の寿命や再生環境の損失・陳腐化により、電子文書の見読性が損なわれてしまうおそれがあります。

(ｲ) ソフトウェアに起因するリスク

電子文書等を閲覧・編集するためのソフトウェアや、当該ソフトウェアを動作させるＯＳが入手できなくなる可能性があります。また、仮に入手できたとしてもバージョンアップ等により、旧バージョンで作成された電子文書の一部を適切に表示できなくなるおそれがあります。さらに、古くなったバージョン等について、不具合時のサポート等を受けられなくなってしまうおそれもあります。

(ｳ) 改ざんによるリスク

電子文書等を長期間保存することで、外部進入の機会が増大し、書換え等による改ざんのリスクが高まります。

こうしたリスクのうち、特に（ｱ）及び（ｲ）については、電子文書の長期保存にかかわる固有の課題であり、その保存期間中に、より長期の保存に適した記録媒体やフォーマットへの変換を行う等、抜本的な対応を行う必要があります。なお、記録媒体やフォーマットの変換を行う場合、長期的な安定性、効率性等を確保できる適切なものを選択し、その有効性を検証するシステムを確立する必要があります。また、記録媒体やフォーマットの種類、データ量等の増加に伴い、保存に要する費用も飛躍的に増大することが想定されることから、変換後において、変換前の媒体及びフォーマット（電子文書の原本にあたるもの）を破棄することも可能とするようなルール化も併せて検討する必要があります。

A1　1　受信した電子メールを加工し、必要な部分のみ電子文書として収受を行うことは、電子文書の原本に改変を加えたと見なされる可能性があります。このため、あらかじめ電子文書の原本性の考え方を整理しておく必要があります。

2　迷惑メールを一律に受信しないこととする場合、まず、何をもって「迷惑メール」とするのか、定義づけを明確にする必要があります。また、機械的に振り分ける場合、誤処理により業務上必要なメールが受信されないということがないか、検証が必要となります。

　さらに、当該メールが宛名人に到達する前に、管理者が送信者や送信内容を確認して振り分けを行うことについて、通信の秘密を侵害することにならないか、法的妥当性の整理が必要です。このほか、システム基盤の整備等にかかわる費用対効果の検証なども必要と考えられます。

3　電子メールの件名等に管理者が何らかの表示等を加えることは、電子文書の原本に改変を加えることになる可能性があります。迷惑メールを識別する基準があいまいであったり、精度が低い場合、業務上必要な電子メールについて、改変が加えられることになるため、電子文書の原本性確保の面から、課題が残されています。

　なお、個人端末に到達した電子メールに加工を加える場合、プライバシー権の侵害に当たる可能性もあるため、本人の同意を前提とするなどの対応も必要です。

コ・ラ・ム

迷惑メールの防止

地方公共団体に到達する電子メールには、行政に関する重要な情報が含まれているものも存在する一方で、広告等の業務に関係のない迷惑メールが大量に到達しており、サーバー等の負荷を増大させています。また、迷惑メールの量がその他のメールの量に比べて圧倒的に多いことから、重要な情報が埋没してしまったり、誤って削除してしまうなどの問題が生じています。

東京都は、平成20年8月から、組織用メールボックスに到達した「迷惑メール」と思われるメールを機械的に識別し、メール件名の文頭に“【★☆★】”の記号を追記し、配信しています。

この方法により、組織用メールボックスにおいては、迷惑メールと認識されたメールを自動的に指定フォルダへ振り分けることが可能となるなど、業務上必要な情報のみ、効率的に収受を行うことができるようになりましたが、機械的な識別において、わずかとはいえ誤判定が発生するおそれがあることや、当該電子メールの原本に加工を加えることの妥当性などについて、原本性の確保の点から、課題が残されています。

特に、今後、個人用メールボックスに到達した迷惑メールに対して何らかの方策を講じる場合は、プライバシー権との兼ね合いについても十分考慮する必要があります。

一方で、そもそもこうした対策では、サーバー負荷の軽減のための抜本的な対策にはなっていないことから、民間企業などでは、電子メールがサーバーに到達した時点で、一定の基準により迷惑メールを振り分け、そもそも迷惑メール（と思われるもの）を受信しないという方法を採用しているところもあります。

この方法は、メールサーバーの負荷を軽減するという点においては、大きな効果が期待されますが、本来業務に必要な電子メールが機械的に受信されない場合があることや、宛名人に到達する前に、管理者が電子メールの送信者や送信内容を確認し、場合によっては不受理としてしまうことが、日本国憲法や有線電気通信法に定める「通信の秘密」の侵害に当たらないかなど、法的課題が残されています。

●第1部の参考図書

『自治体の公用文作成ハンドブック』小澤達郎　前田敏宣著（学陽書房）
『分かりやすい公用文の書き方』磯崎陽輔著（ぎょうせい）
『東京都文書事務の手引』東京都総務局総務部文書課　編集・発行
『職員ハンドブック』東京都職員研修所編著

第2部

公用文を書いてみよう

5日目 通知文・指令文

5日目から7日目までは、公用文を類型ごとに学習して、実際に公用文を作ってみましょう。5日目は、公用文でも使用頻度の高い、通知文と指令文について学びます。

1 通知文

「通知文」とは、ある一定の事実、意思などを特定の相手方に知らせることを目的とした文をいいます。

通知文は、性質により、①通知、②照会（協議）、③回答（報告、復命）、④申請（内申、上申）、⑤副申、⑥進達、⑦通達、⑧依命通達に分けられます。

（1）作成のポイント

ア 通知文の基本的な形式

・・第・・・号□	番号
・・・年・・月・・日□	日付
□・・・・・・様	あて先
・・・・・・・・・・	発信者
（職　名）	
・・・・・・・・・・ 印	
（氏　名）	
□□□・・・・・・・・・・・・・・・・・・・	件名
・・・について（通知、照会、回答・・）	

□・・・・・・・・・・・・・・・・・・・・・・・・・・ }本文
・・・・・・・・・

記

1□・・・・・・・・・・・・・ }記書き
2□・・・・・・・・・・・・・・・・・・・・・・・・

（□は空白部分）

イ　作成上の注意

(ｱ) 文書番号及び発信年月日

それぞれ1行にして、右上に終字をそろえて記載します。それぞれの後ろには1文字分余白を空けます。

(ｲ) あて先及び発信者

あて先は、おおむね2字目から書き出し、発信者名は、公印が最終字に掛かるように公印の部分の余白を残して記載します。

あて先の敬称は、「様」が一般的ですが、「××課長」と氏名の後に役職名をつけるときは「殿」を使用します。

対内文書のあて先、発信者名は、職名だけを用い、氏名を省略することができます。

なお、職名と氏名の両方を記載する場合は、職と氏名を2行に分けて記載します。

(ｳ) 件名

おおむね4字目から書き出しますが、文書作成ソフトの中央揃え機能を使用しても構いません。2行以上にわたるときは、各行の初字をそろえて、件名全体が中央に収まるようにします。

件名の末尾には、括弧書きで「通知」、「照会」、「回答」、「申請」、「依命通達」等その文書の性質を示す文字を記載します。

(ｴ) 本文及び記書き

本文は、件名の下に最初の1字を空けて書き出します。段落の次の書き出しも同様です。書き出しは、役所では「このことについて」が多いですが、ビジネス文書としては「標記の件について」が一般的です。

内容が複雑な場合は、本文に趣旨だけを記載し、記書きに具体的、細目的内容を記載します。内容が簡単な場合は、記書きを省略することも可能です。

なお、依命通達の場合は、本文の末尾に「この旨命によって通達する。」と記載します。

(オ) 通知文に受取先の連絡の便を考え、担当部局、電話番号、担当者等を記載する必要がある場合は、通知文の末尾の右寄りの位置に記載します。

Q1 次の通知文のうち、誤りが6箇所あります。どこですか？

・・・・・第・・号
・・年・・月・・日

甲野　太郎　様

東京都知事
・・・・・・・ 印

・・・研修会の講師について

東京都では、・・・・を図るため、別紙のとおり・・・・研修会を開催する予定です。

つきましては、この研修会の講師として、下記により御講義くださるようお願いします。

1．題目　・・・・・・・・・
2．日時　・・・・・・・・日
午前・・時から午後・・時まで
3．場所　・・・・会館小ホール

A1

	・・・・・・第・・号□	①
	・・年・・月・・日□	②
③	□甲野　太郎　様	
	東京都知事	
	・・・・・・・・印	
	□□□・・・・研修会の講師について（依頼）	④
	□東京都では、・・・・を図るため、別紙のとおり・・・・研修会を開催する予定です。	
	□つきましては、この研修会の講師として、下記により御講義くださるようお願いします。	
	記	⑤
⑥	1□題目　・・・・・・・・・	
	2□日時　・・・・・・・・日 午前・・時から午後・・時まで	
	3□場所　・・・・会館小ホール	

（□は空白部分）

【解答のポイント】

ア　文書番号及び発信日

文書番号と発信日の後ろには1字空白を入れます。（①②）

イ　あて先

あて先の前に1字空白を入れ、2字目から書き出します。（③）

ウ　件名

件名の末尾に、文書の性質を示す文字を括弧書きで記載します。（④）

エ　記書き

本文中「下記により」とあるので、本文の次の行の中央（又は中央よりやや左寄り）に「記」の字を記入します。(⑤)

また、記書きの各項目の数字の後ろには点は記入せず、空白とします。(⑥)

2 指令文

指令文とは、許可、認可等の行政上の処分、諮問又は補助金の交付決定をするための文書の作成に用いる文をいいます。主として行政庁が優越的な意思の発動又は公権力の行使に当たり、行政庁以外の者に対して意思表示をする場合に用いられます。

(1) 作成のポイント

ア　指令文の基本的な形式

・・・・・・第・・・号□	番号
・・・・・・・・・・・・ [相手方の住所] ・・・・・・・・・・・・	あて先
[相手方の氏名又は法人名]	
□[・・年・・月・・日付第・・号で申請のあった]・・・については、[・・・・の規定により、][下記により、下記の条件を付して、]・・・する。[しない。]	本文
□・・・・・・・・・・・・・・・・・・・・・・・	
□□・・年・・月・・日	日付
・・・知事　・・・・ 印	

記

1□・・・・・・・・・・・・・
2□・・・・・・・・・・・・・ } 記書き

（□は空白部分）

イ　作成上の注意

(ｱ) 文書番号

文書の番号を１行に記載します。

(ｲ) 件名

記載しないことが原則ですが、「・・・許可書」等と上部中央に表示することもあります。

(ｳ) あて先

相手方の住所及び氏名を記載します。相手方が法人の場合は、所在地及び法人名を記載し、原則としてその代表者名は記載しません。相手方が法人格を有しない団体にあっては、その団体名とともに代表者の氏名を記載します。

また、あて先には敬称（様や殿）は付けません。

(ｴ) 本文

指令文の実質的内容を成す部分です。根拠法令のある場合は、それを記載します。

附款のある場合、処分の理由を示す必要のある場合又は内容が複雑である場合には、その内容を記書きで記載します。附款とは、行政行為の効果を制限するために、意思表示の主たる内容に付加される従たる意思表示をいいます。

(ｵ) 発信者

原則として職氏名を１行に記載し、公印が最終字にかかるように、公印の部分の余白を残して記載します。

(ｶ) 記書き

記書きは、内容別に箇条書きにします。

なお、「記」という文字は、中央よりやや左に記載します。文書作成ソフトを使用する場合は、中央揃えでも構いません。

(キ) 教示

処分が不服申立てをできるものである場合には、記書きの次、指令書の末尾に不服申立てできる旨を教示しなければいけません。

これは、住民に対して、行政不服申立てや取消訴訟による救済が受けられることについて情報提供するものので、権利利益の救済を得る機会を十分に確保するためのものです。

Q2 **次の指令文には、4箇所の誤りと、記載しなければならない事項が1件抜けています。それぞれ何ですか？**

第　　号
年　　月　　日

行政財産使用許可書

使用者　新宿区西新宿2－8－1
㈱乙川商事
代表取締役　乙川　一郎

年　　月　　日付けで申請のあった東京都の行政財産の使用については、下記により許可する。

東京都知事
氏　　名　　印

記

(使用財産の表示)
第1　使用を許可する財産(以下「使用財産」という。)は、次のとおりとする。
(使用期間)
第2　使用期間は、　年　月　日から　年　月　日までとする。
(使用料、延滞金及び使用料の不還付)
第3

(使用の目的及び方法)
第4
(使用上の制限)
第5
(使用許可の取消または変更)
第6
(原状回復)
第7
(損害賠償)
第8
(光熱水費等の負担)
第9
(有益費等の請求権の放棄)
第10
(実地検査等)
第11

A2

第　　号□

①

行政財産使用許可書

使用者　新宿区西新宿2－8－1

株式会社乙川商事 ②

□　　　年　　月　　日付けで申請のあった東京都の行政財産の使用については、地方自治法(昭和22年法律第67号)第238 ③

条の4の規定に基づき、下記により許可する。

① □□　　年　月　日

東京都知事　　氏　　名　印 ④

記

(使用財産の表示)

第1　使用を許可する財産(以下「使用財産」という。)は、次のとおりとする。

(使用期間)

第2　使用期間は、　年　月　日から　年　月　日までとする。

(使用料、延滞金及び使用料の不還付)

第3

(使用の目的及び方法)

第4

(使用上の制限)

第5

(使用許可の取消または変更)

第6

(原状回復)

第7

(損害賠償)

第8

(光熱水費等の負担)

第9

(有益費等の請求権の放棄)

第10

(実地検査等)

第11

⑤ (不服申立て及び処分の取消し訴えの教示)

1　この決定に不服がある場合には、この決定があったことを知った日の翌日から起算して60日以内に、東京都知事に対して審査請求をすることができます(なお、この決定があったことを知った日の翌日から起算して60日以内であっても、この決定の日の翌日から起算して1年を経過すると審査請求をすることができなくなります。)。

2　この決定については、この決定があったことを知った日の翌日から起算して6箇月以内に、東京都を被告として(訴訟において東京都を代表する者は東京都知事となります。)、処分の取消しの訴えを提起することができます(なお、この決定があったことを知った日の翌日から起算して6箇月以内であっても、この決定の日の翌日から起算して1年を経過すると処分の取消しの訴えを提起することができなくなります。)。ただし、上記1の審査請求をした場合には、当該審査請求に対する裁決があったことを知った日の翌日から起算して6箇月以内に、処分の取消しの訴えを提起することができます。

【解答のポイント】

ア　日付

指令文の日付の記載位置は通知文と異なります。本文の後、発信者名の前に日付を記載します。(①)

イ　あて先

指令文のあて先が法人だった場合、法人名のみ記載し、代表者名は記載しません。(②)

また、「株式会社」など、法人の名称は略さず記載します。

ウ　根拠法令

指令に根拠法令がある場合は、根拠条文を記載します。(③)

エ　発信者

発信者名は、原則として職氏名を1行に記載します。(④)

オ　教示

行政財産の使用許可は行政処分にあたるため、許可書の末尾に不服

申立てができる旨を記載しなければいけません。(⑤)

Q3 次の情報から、会議の開催通知を作成してください。

文書番号：21総情第135号
発 信 日：2009年6月1日
あ て 先：総務課長　東京太郎
発 信 者：情報公開課長　東京花子
会 議 名：情報公開担当者連絡会議
開催日時：2009年7月7日火曜日　14:00～16:00
開催場所：第1会議室

【解答用紙・横書き】

→

A3

２１総情第１３５号□
平成２１年６月１日□

□総務課長　殿

情報公開課長
（公印省略）

□□□情報公開担当者連絡会議の開催について（通知）

□このことについて、下記のとおり開催しますので、出席
をお願いいたします。

記

１□日時　平成２１年７月７日（火曜日）
　　　　　午後２時から午後４時まで
２□場所　第１会議室

【解答のポイント】

ア　配字は適切ですか

解答例の□印をつけたところには、空白が入っていますか。

イ　発信者

対内文書であるため、発信者の職名だけ記載し、氏名を省略することも可能です。

公印を押すことを考え、発信者氏名は右側に公印の余白を残すように記載します。

公印の押印を省略する場合は、発信者名（省略した場合は職名）の下に、「(公印省略)」と記載します。

ウ　件名

件名の最後に括弧書きで、文書の種類を表す「(通知)」は入っていま

すか。

エ　本文及び記書き

本文、記書きともに簡潔に表現できていますか。

時間については、原則12時間表記で記載します。

コ・ラ・ム

公用文とビジネス文書の違い

公用文もビジネス文書も、相手方に分かりやすく、簡潔に書くことが基本ですが、表記についてはいくつか異なるところがあります。

ビジネス文書では、本文の書き出しの多くに「標記の件（について）」が使われますが、役所では、「このことについて」を使われることが多いです。「標記」とは、「標題に書かれていること」を意味します。一説には、公用文の発信対象は幅広く、よりわかりやすい言葉を用いることとされているため、より平易な表現として「このことについて」を使っているようです。

その他にも、ビジネス文書では、記書きの終わりに「以上」と記載しますが、公用文では書かれないことが多いです。

意外とある公用文とビジネス文書の違い。あなたも探してみてください。

6 日目 証明文・表彰文・契約文

6日目は、証明文、表彰文、契約文について学びます。なじみのないものもあるかもしれませんが、一通りパターンを覚えましょう。

1 証明文

証明文とは、証明書、証書その他これらに類する文書の作成に用いる文をいいます。

証明書…申請又は願い出に基づいて、行政機関が、特定の事実の存在（又は不存在）を公に認めることを示す文書をいいます。

例　身分証明書、印鑑証明など

証　書…何らかの事実又は法律関係の存在を公に認めることを示す文書をいいます。

例　合格証書、修了証書、免許状など

(1) 作成のポイント

ア　証明文の基本的な形式

(ｱ) 縦書きの場合

・・・第・・号
・・・・証書（証明書）
・・・・・
（氏名等）
・・・・・・・・・・・・・・・・・・・・・・・・・・・・・・
・・・・・・・・・・・・・・・証します（証明します。）
・・年・・月・・日
・・・・　・・・・・
（職名）　（氏　名）

(イ) 横書きの場合

・・・第・・号

・・・・証書（証明書）

・・・・・

（氏名等）

・・・・・・・・・・・・・・・・・・・・・・・・・・・・・・・・・・・

・・・・・・・・・・・・・・・・・・・・・証します（証明します。）

・・年・・月・・日

（職名）　（氏　名）

証明書の中には、「奥書証明」というやり方もあります。これは、証明を求める人から証明事項を記載した願書を2部提出してもらい、その1部（謄本）に記載事項を証明する旨を奥書して交付する方法です。

この方法は、証明事項は特に限定されてはいませんが、当該行政機関の所掌する事務に関するものであって、公簿によってその事実が確認できるものに限る必要があります。

(ウ) 奥書証明の形式（横書きの場合）

・・・・・・・・・・・・・・・・・・・・・・・・・・・・・・・・・・

（相手方の文）

・・・第・・号

□右のとおり相違ないことを証明します。

・・年・・月・・日

・・・・　・・・・・

（職名）　（氏　名）

（□は空白部分）

イ　作成上の注意

(ｱ)　受証者の氏名

「様」や「殿」などの敬称は付けません。

(ｲ)　本文の書き出し

証書の場合は1字目から、証明書の場合は2字目から書き出し、証書の場合は句読点は付けません。

(ｳ)　文体

「である」体ではなく「ます」体を用います。

Q1　**次の証明文のうち、誤りはどこですか？**

ア　一般的な証明書の場合

第◎◎号

卒　業　証　書

氏　名　田　中　太　郎　殿

平成九年一月一日生

右の者は本校の課程を卒業したことを証します。

平成二十一年三月三十一日

東京都●●区立××小学校長　・・・・

イ　奥書証明の場合

証　明　願

現住所　東京都新宿区西新宿二丁目8番1号
氏　名　東　京　太　郎

上記の者が△△△届出書を平成21年5月1日付けで貴庁に提出し、貴庁に受理されたことを証明願います。

第◎◎号
上記のとおり相違ないことを証明する。
平成21年5月2日
東京都知事　・・・・・　印

A1

ア　一般的な証明書の場合

第◎◎号
卒　業　証　書
氏　名　田　中　太　郎　①
平成九年一月一日生

右の者は本校の課程を卒業したことを証します　②
平成二十一年三月三十一日
東京都●●区立××小学校長　・・・・

【解答のポイント】

受証者の氏名に、様、殿を付けていませんか。(①)

証書に句読点を付けていませんか。(②)

イ　奥書証明の場合

証　明　願

現住所　東京都新宿区西新宿二丁目8番1号
氏　名　東　京　太　郎

上記の者が△△△届出書を平成21年5月1日付けで貴庁に提出し、貴庁に受理されたことを証明願います。

第◎◎号
上記のとおり相違ないことを証明します。
平成21年5月2日
東京都知事　・・・・・　印

【解答のポイント】

本文に「である」体を使用していませんか。

Q2　**次の情報から、証明文を作成してください。**

文書番号：21総人第40号
証明年月日：平成21年7月1日
受証者住所：東京都新宿区西新宿二丁目8番1号
受証者氏名：東京　花子
証明内容：在職証明（東京都職員）
証明者：東京都知事　東京　太郎
形式：横書き。奥書証明ではない

→

【解答用紙・横書き】

A2

２１総人第４０号
　　　　　　　在職証明書

住所　東京都新宿区西新宿二丁目８番１号
氏名　東京　花子

□上記の者は、東京都職員であることを証明
します。
　　平成２１年７月１日

　　　　　　東京都知事　東京　太郎

（□は空白部分）

【解答作成のポイント】

受証者の氏名には、敬称の「様」、「殿」は付けないようにしましょう。

本文の書き出しは、証明書の場合は2字目からとなります。

本文は「ます」体を用いましょう。

2 表彰文

表彰文とは、表彰状、感謝状及び賞状の作成に用いる文をいいます。

表彰状…一般の模範となるような個人や団体の善行をたたえて、一般に明らかする場合に使用します。

感謝状…事務、事業、行事等に積極的に協力し、又は援助した個人や団体に対して感謝の意を表す場合に使用します。

賞　状…学校、展覧会、品評会、コンクール等で優秀な成績を収めた者を賞する場合に使用します。

(1) 作成のポイント

ア　表彰文の基本的な形式

(ｱ) 縦書きの場合

賞　状（感謝状） ・・・・・ （氏名等） ・・・・・・・・・・・・・・・・・・・・・・・・・・・・・・ ・・・・・・・・・・・・・・・・・・・・ ・・年・・月・・日 ・・・・　・・・・・ （職名）　（氏　名）

(ｲ) 横書きの場合

賞　状（感謝状） ・・・・・ （氏名等） ・・・・・・・・・・・・・・・・・・・・・・・・・・・・・・ ・・・・・・・・・・・・・・・・・・・・・・ ・・年・・月・・日 ・・・・　・・・・・ （職名）　（氏　名）

イ　作成上の注意

(ア)　丁寧に

全体を丁寧に書き表すことが必要です。

(イ)　敬称

必要に応じて、受賞者等の氏名には「様」、「殿」、「さん」又は「君」を用います。

(ウ)　位置

受賞者の氏名の位置は、授与者の氏名の位置より下にならないようにします。

本文の書出しは、1字目からとし、句読点は付けません。文を区切る際は、1文字空けて書き出します。

(エ)　文体

文章はなるべく短く区切ります。

くどくど美辞麗句を並べることは避けるようにします。

「である」、「ます」体のどちらでも用います。

一般的な言葉を使い、易しい言い回しを用います。

用字、用語は、常用漢字表、現代仮名遣い等により表現します。

Q3　次の表彰文のうち、誤りはどこですか？

ア　表彰状の場合

表　彰　状

・・・・殿

あなたは多年にわたり地方自治の発展に尽力され優れた業績を
あげられました
ここに都民を代表し東京都功労者として表彰します
平成△△年△△月△△日

東京都知事　・・・・

イ　感謝状の場合

感　謝　状

・・・・

あなたは、●●●の職務に精励し、多大の業績を上げられました
ので、その御労苦に対し都民に代表して深く感謝いたします。
平成△△年△△月△△日

東京都知事　・・・・

ウ　賞状の場合

賞　　状

・・・・様

あなたは○○○ポスターコンクールにおいて優秀と認められまし
たので心からお祝いいたします
なおこれからもますます努力されますようお願いいたします。
平成△△年△△月△△日

東京都知事　・・・・

A3

ア　表彰状の場合

> 表　彰　状
>
> ・・・・　殿
>
> あなたは多年にわたり地方自治の発展に尽力され優れた業績をあげられました
>
> ここに都民を代表し東京都功労者として表彰します
>
> 平成△△年△△月△△日
>
> 東京都知事　・・・・

【解答のポイント】

書き出しを1字目からにしていますか。

イ　感謝状の場合

> 感　謝　状
>
> ・・・・　様
>
> あなたは●●●の職務に精励し多大の業績を上げられましたので
>
> その御労苦に対し都民に代表して深く感謝いたします
>
> 平成△△年△△月△△日
>
> 東京都知事　・・・・

【解答のポイント】

必要に応じて敬称を付けていますか。

句読点を付けていませんか。

ウ　賞状の場合

賞　　状

・・・・・　様

あなたは○○○ポスターコンクールにおいて優秀と認められまし
たので心からお祝いいたします
なおこれからもますます努力されますようお願いいたします。
平成△△年△△月△△日

東京都知事　・・・・

【解答のポイント】

受賞者の氏名の位置が、授与者より下になっていませんか。

Q4　次の情報から、表彰文を作成してください。

形　　式　：表彰状
受 賞 者　：東京　花子
表彰内容　：東京都功労者
（多年にわたり社会
福祉の向上に尽力）
表彰年月日：平成21年5月1日
授 与 者　：東京都知事
東京　太郎
形　　式　：縦書き

【解答用紙・縦書き】　↓

A4

表彰状

東京　花子　殿

あなたは多年にわたり社会福祉の向上に
尽力され優れた業績を上げられました
ここに都民を代表し東京都功労者として
表彰します

平成二十一年五月一日

東京都知事　東京　太郎

【解答のポイント】

文章全体から丁寧な印象が伝わるようにします。

受賞者の氏名には、敬称を用います。

受賞者の氏名の位置は授与者の位置より下にならないようにします。

書き出しは１字空けないようにします。

句読点は使わないようにします。

一般的な言葉を用い、易しい言い回しを工夫します。

3 契約文

契約文とは、契約書、協定書その他これらに類する文書の作成に用いる文をいいます。

契約書…主として、物品の購入、賃貸借又は請負の契約を結ぶ場合、その契約内容を確定させるために作成する文書をいいます。

協定書…主として、行政機関の間で、その事務執行方法等について協定し、その協定内容を確定させるために作成する文書をいいます。

(1) 作成のポイント

ア　契約文の基本的な形式

・・・第・・号□	番号
・・・・・・・・契約書	件名
□・・・・を甲とし、・・・・を乙とし、甲乙間において、 次の条項により、・・・・契約を締結する。	前文
(・・・・) 第1条□・・・・・・・・・・・・・・・・・・・・・・・ □・・・・・・・。 第2条□・・・・・・・・・・・・・・・・・・・・・・・ □・・・・・・・・・・・・・・・・・・・・。	主文
□甲と乙〔・・・・〕とは、本書を・・通作成し、それぞれ 記名押印の上、その1通を保管する。	後文
・・年・・月・・日	日付
・・・・・・・・・・・・・・・・・・・・ 〔住　所〕 甲　・・・・・・・・・・・・・・・・・・ 〔法人名、氏名〕 ・・・・・・・・・・・・・・・・・・ 乙　・・・・・・・・・・・・・・・・・・ ・・・・・・・・・・・・・・・・・・	記名押印

イ　作成上の注意

(ア) 件名

「……売買契約書」、「……賃貸契約書」等として、契約の種類を明示し、その契約内容が一見して分かるようにします。

(イ) 前文

契約当事者の名前を掲げ、「甲」「乙」を用いて表示し、「次の契約を締結する」旨を表示します。

(ウ) 主文

契約内容は、条文形式で箇条書きにします。主文に記載すべき事項については、契約事務規則等で規定されています。

東京都の場合は、東京都契約事務規則（昭和39年東京都規則第125号）で次の事項を記載することを規定しています。

・契約の目的
・契約金額
・履行期限
・契約保証金に関する事項
・契約履行の場所
・契約代金の支払又は受領の時期及び方法
・監督及び監査
・履行の遅滞その他債務の不履行の場合における遅延利息、違約金その他の損害金
・危険負担
・かし担保責任
・契約に関する紛争の解決方法
・その他必要な事項

もちろん契約の性質や目的によって該当しない事項については、記載する必要はありません。

(エ) 後文

契約書を各人が1通ずつ保有する旨を記載します。

(オ) 日付

契約した日又は契約書を作成した日を記載します。

(カ) 訂正

契約書の文字を訂正する場合は、訂正箇所の欄外に「○字加入」「○字抹消○字加入」等とし、契約当事者双方の訂正印を押します。

(ｷ) 契印

契約書が2枚以上にわたるときは、それぞれのとじ目に契約当事者の契印を押します。

Q5 自分の所属する地方公共団体の契約事務に関する規則から、契約書に記載する事項を書き出してみましょう。

・	・
・	・
・	・
・	・
・	・
・	・

【作成時の確認のポイント】

契約の種類及び内容が分かる件名になっていますか。

契約事務規則等で規定された項目に沿った内容になっていますか。

契約書に誤字、脱字がある場合、適切に訂正されていますか。

コ・ラ・ム

公用文を彩るハンコ

公用文を作成した際、作成した文書の種類、内容などによって、いろいろな意味を持つ印を押すことになります。その一例を、まとめてみました。

① 発信者印

発信者の職名を記した印

（例）東京都知事印

② 割印

2つ同じ文面の文書を作成した場合に、その文書が関連のあるもの、又は同一のものであると証明するための印

（例）発信文書と案文の割印

③　契印

文書が複数ページにわたるとき、1つの文書であることを証明するための印。文書を袋とじにするときは、文書の裏側のとじ目に押し、袋とじでないときは、各ページ間に押印する。

（例）契約書の契印

④　消印

切手や収入印紙、収入証紙を貼った際に、貼ったものが使用済みで再使用できないようにするための印。印紙等と文書にまたがって押印する。

⑤　訂正印

文書中の誤字の訂正、字句の追加、削除するときに押印する。

⑥　捨印

文書に軽微な誤りがあったときに、文書を受領した側で訂正できるようにあらかじめ余白に押される印。本人が訂正のために出向く手間を省くためのものだが、悪用されるおそれもあるため、みだりに押印しないこと。

文書の作成では、書く内容、わかりやすく伝える表現はもちろん、体裁も重要です。一定のルールをマスターしましょう。

7日目 例規文・訓令文・告示文

7日目は例規文、訓令文、告示文を取り上げます。これらの文には、独特の形式があります。その形式を学びましょう。

1 例規文

例規文とは、条例又は規則を制定し、又は改廃するための文書を作成するときに用いる文をいいます。

(1) 作成のポイント

ア 例規文の基本的な形式

第・・・号議案	議案番号	
□□□・・・・・・・・・・・・・に関する条例	議案名	
□右の議案を提出する。		
□□平成・・年・・月・・日	日付	
提出者　東京都知事　・・・・・・	提出者名	
□□□・・・・・・・・・・・・・に関する条例		
(・・・)	見出し	本則
第一条□・・・・・・・・・・・・・・・・・・・・・とする。	条文	
2□・・・・・・・・・・・・・・・・・・		
一・・・・・・・・		
二・・・・・・・・		
3□・・・・・・・・・・・・・・・・・・		
（中略）		
(・・・)	見出し	
第・条□・・・・・・・・・・・・・・・・・・・・・・	条文	
・・・・とする。		

□□□附□則
1　この条例は、公布の日から施行する。
2　この条例の規定は、・・・・・・・・・について
　適用する。
（提案理由）
□・・・・・・・・・・・・・・・・・・・する必
要がある。

附則

提案理由

（□は空白部分）

イ　作成上の注意

(ア)　議案番号

冒頭に議案番号を記載します。議案番号は、議会に提出された議案に付される番号であり、議決後に付される公布番号とは異なります。

(イ)　条例名、議案提出日

条例名は4字目から、議案提出日は3字目から書き出します。

(ウ)　見出し

条文の内容が、すぐ分かるように、条文の直前に括弧書きで記載します。

(エ)　条・項・号

条文の段落を項で分け、項の中での項目分けを号で行います。項はアラビア数字で、号は漢数字で表します。ただし、第1項の「1」は省略します。

(オ)　附則

施行日、適用上の注意事項等を記載します。

(カ)　提案理由

議案を提案する理由を具体的に記載します。

Q1　次の条例案には、作成上の誤りが2つあります。どこですか？

第百一号議案

　東京都消費者行政活性化基金条例

右の議案を提出する。

　平成二十一年二月十八日

　　　　提出者　東京都知事　石原慎太郎

　東京都消費者行政活性化基金条例

第一条（設置）　国が都に交付する地方消費者行政活性化交付金により、消費生活相談窓口の機能強化等を図るため、地方自治法（昭和二十二年法律第六十七号）第二百四十一条第一項の規定に基づき、東京都消費者行政活性化基金（以下「基金」という。）を設置する。

第二条（積立額）　基金として積み立てる額は、予算で定める。

第三条（管理）　1　基金に属する現金は、金融機関への預金その他確実かつ有利な方法により保管しなければならない。

2　基金に属する現金は、必要に応じ、確実かつ有利な有価証券に換えることができる。

（中略）

附　則

1（施行期日）　この条例は、公布の日から施行する。

2（失効等）　この条例は、平成二十四年三月三十一日限り、その効力を失う。この場合において、基金に残額があるときは、当該基金の残額を東京都一般会計歳入歳出予算に計上して、国庫に納付するものとする。

（提案理由）

消費生活相談窓口の機能強化等を図るため、東京都消費者行政活性化基金を設置する必要がある。

A1

第百一号議案

□□□東京都消費者行政活性化基金条例

□右の議案を提出する。

□□平成二十一年二月十八日

提出者　東京都知事　石原慎太郎□□

□□□東京都消費者行政活性化基金条例

（設置） ①

第一条□国が都に交付する地方消費者行政活性化交付金により、消費生活相談窓口の機能強化等を図るため、地方自治法（昭和二十二年法律第六十七号）第二百四十一条第一項の規定に基づき、東京都消費者行政活性化基金（以下「基金」という。）を設置する。

（積立額） ①

第二条□基金として積み立てる額は、予算で定める。

（管理） ①

第三条□基金に属する現金は、金融機関への預金その他確実かつ有利な方法により保管しなければならない。 ②

2□基金に属する現金は、必要に応じ、確実かつ有利な有価証券に換えることができる。

（中　略）

□□□附□則

（施行期日） ①

1□この条例は、公布の日から施行する。

（失効等） ①

2□この条例は、平成二十四年三月三十一日限り、その効力を失う。この場合において、基金に残額があるときは、当該基金の残額を東京都一般会計歳入歳出予算に計上して、国庫に納付するものとする。
（提案理由）
□消費生活相談窓口の機能強化等を図るため、東京都消費者行政活性化基金を設置する必要がある。

【解答のポイント】

ア　見出し

見出しは条文の直前に置きます。（①）

イ　項

項の表記は、アラビア数字で表記しますが、第１項の「1」は省略します。（②）

2 訓令文

訓令とは、知事や市町村長が指揮監督を行う行政機関や職員に対して発する命令のことです。訓令を発するための文書を作成するときに用いる文を訓令文といいます。東京都では東京都訓令前行署名式及び令達式の定めるところにより、東京都公報に登載して公表しています。

(1) 作成のポイント

ア　新設

東京都訓令第・・号	訓令番号
庁中一般	訓令先
・・・・ ・・・・	（前行署名）
□・・・・・規程を次のように定める。	
□□・・年・・月・・日	日付
東京都知事・・・・・	公布者名

□□□・・・・・規程　　題名
（・・・・）
第一条□・・・・・・・・・・・・・・・・・・・・・・・・
・・・・・・・・・・・・・・・・・・・・・
・・・・・・・・・・・・　　本則
・・・・・・・・・・・・
□□□附□則　　附則
□・・・・・・・・・・・・・・・・・・・・・・・・・・・
・・・・・・・・・・・

(ｱ) 訓令先

当該訓令のあて先（受命者）を記載します。これを前行署名といいます。

(ｲ) 題名

通常「・・・・規程」とします。

(ｳ) 本則

通常、条立てで構成されます。条文の中身がすぐ分かるように、条文の直前に括弧書きで見出しを記載します。本則の形式、内容は、例規文の場合と同様です。

(ｴ) 附則

附則が必要な場合の中で最も一般的なのが、施行期日を定めるものです。訓令は、対象者に対する命令であり、発せられた日から当然に効力が発生するため、原則として、特に施行期日を定める附則を置かなくてよいとされています。ただし、事前に周知する必要がある等の目的で、訓令を発する日と別の日から命令の効力を発生させたい場合には、施行期日を定める附則を置きます。

イ　全部改正

東京都訓令第・・号	訓令番号
庁中一般	訓令先
・・・・	（前行署名）
・・・・	
□・・・・・・・規程（・・年東京都訓令第・・号）の	
全部を次のように改正する。	
□□・・年・・月・・日	日付
東京都知事・・・・・	公布者名
□□□・・・・・規程	題名
（・・・・）	本則
第一条□・・・・・・・・・・・・・・・・・・・・・・	
・・・・・・・・・・・	
□□□附□則	附則
□・・・・・・・・・・・・・・・・・・・・・・・	

（注）内容を全部改めようとする場合は、全部改正の方式と、旧訓令を廃止し、新訓令を発する方式との二つがあります。条文等の形式は、例規文の形式と同じです。

ウ　一部改正

訓令の内容を一部改正するときの記載方法は、例規文の方式と同じです。訓令の一部改正は、Q2の演習を通して形式を学びましょう。

エ　廃止

訓令を廃止するのは、①他の訓令の新設、改正と関係なくその訓令を単独で廃止する必要性が生じた場合と②ある訓令が新設、改正された結果として、既存の訓令を廃止する必要が生じた場合とで、それぞれ廃止の形式が異なります。

(ア) 訓令を単独で廃止する場合

東京都訓令第五十一号
庁中一般
□・・・・・・・・・・・規程（・・年東京都訓令
第・・号）は、廃止する。
□□平成・・年・・月・・日
東京都知事・・・・・

(イ) 訓令の新設・改正に伴い、既存訓令を廃止する場合

東京都訓令第五十一号
庁中一般
□・・・・・・・・・・・規程（・・年東京都訓令
第・・号）の一部を次のように改正する。
□□平成・・年・・月・・日
東京都知事・・・・・
□・・・・・・・・・・・・・・・・・・・・・・
・・・・とする。
□□□附□則
（・・・・・）
1□・・・・・・・・・・・・・・・・・・
（・・・・規程の廃止）
2□・・・・規程（・・年東京都訓令第・・号）は、廃
止する。

オ　前行署名の一部改正

訓令の適用範囲の変更すなわち前行署名の改正は、本則の改正と同じく、一部改正の訓令で、「前行署名中「……」を「……」に改める。」、「前行署名中「……」を削る。」という形式で行います。既存の前行署名に新たなものを加えるときの前行署名は、新たなものを加えた前行署名とします。

東京都訓令第・・号	訓令番号
庁中一般 支　庁 事業所	訓令先 （前行署名）
□・・・・・・・・・規程（・・年東京都訓令第・・号） の一部を次のように改正する。	
□□・・年・・月・・日	
東京都知事・・・・・	
□前行署名中「支　　庁」を「支　庁 事業所」に改める。	本則
□□□附□則 □・・・・・・・・・・・・・・・・・・・・・	附則

逆に、前行署名の一部を削る場合は次のようにします。

〔前行署名の一部を削る場合〕

東京都訓令第・・号	訓令番号
総務局 財務局 衛生局 保健所 病　院	訓令先 （前行署名）
□・・・・・・・・・規程（・・年東京都訓令第・・号） の一部を次のように改正する。	
□□・・年・・月・・日	日付
東京都知事・・・・・	公布者名
□前行署名中「保健所」を削る。	本則
□□□附□則 □・・・・・・・・・・・・・・・・・・・・・	附則

既存の前行署名から一部のものを削るときの前行署名は、削られるべき前行署名を削る前の前行署名になります。ただし、当該前行署名の行政機関が組織改正により既に存在しないものとなっているときは、一部改正訓令の前行署名は、当該前行署名を削ったものとなります。

Q2 次の訓令の一部改正文には、誤りがあります。どこですか？

東京都訓令第四十八号

　　　　　　　　　　　庁中一般
　　　　　　　　　　　支庁
　　　　　　　　　　　事業所
　　　　　　　　　　　収用委員会事務局
　　　　　　　　　　　労働委員会事務局

職員の旅費支給規程（昭和四十八年東京都訓令第九十一号）の一部を次のように改正する。

　　平成二十一年四月一日

　　　　　　　　東京都知事　石原　慎太郎

　別表第一を次のように改める。

別表第一　削除

　　　附　則

　この訓令による改正後の職員の旅費支給規程の規定は、この訓令の施行の日以後に出発する旅行から適用し、同日前に出発した旅行については、なお従前の例による。

A2

本文	項目
東京都訓令第四十八号	訓令番号
庁中一般 支庁 事業所 収用委員会事務局 労働委員会事務局	訓令先（前行署名）
□職員の旅費支給規程（昭和四十八年東京都訓令第九十一号）の一部を次のように改正する。	
□□平成二十一年四月一日	日付
東京都知事　石原　慎太郎	公布者名
□別表第一を次のように改める。 別表第一　削除	本則
□□□附□則 □この訓令による改正後の職員の旅費支給規程の規定は、この訓令の施行の日以後に出発する旅行から適用し、同日前に出発した旅行については、なお従前の例による。	附則

【解答のポイント】

訓令先（前行署名）は、文字の先頭、末尾は揃えるように記載します。

Q3

次の訓令を廃止するための訓令を新設してください。

廃止する訓令：東京都広報用放送自動車運営規程（昭和二十五年東京都訓令第七十六号）

公布番号　：第51号

訓　令　先　：庁中一般

公　布　日　：平成21年4月1日

【解答用紙・縦書き】

→

A3

東京都訓令第五十一号

庁中一般

□東京都広報用放送自動車運営規程（昭和二十五年東京都

訓令第七十六号）は、廃止する。

□□平成二十一年四月一日

東京都知事　石原　慎太郎□□

3 告示文

告示文とは、告示及び公告に用いられる文をいいます。

告示は、公の機関が、行政処分又は重要な事項等の決定を一般に公表する行為です。告示には以下のものがあります。

- 行政機関の意思表示としての告示
- 一定の法律効果を生じさせる告示
- 単に一定の事実行為のみを通知する告示

公告は、法令等に公表の規定はないが、一定の事実を進んで広く周知するときに行われます。ただし、法令等に公表の規定がある場合でも、その趣旨、内容等により、告示ではなくて公告の形式をとることもあります。

(1) 作成のポイント

告示の種類には、新設、全部改正、廃止の3つがあります。告示文が用いられるのは、これらの告示以外に公告があります。

ア 新設

東京都告示第・・号	告示番号
□・・・法（・・年法律第・・号）第・・条の規定によ	告示文
り、・・・次のように・・・・する。〔した。〕	
□□・・年・・月・・日	告示日
東京都知事・・・・・□□	公布者名
・・・・・・・・・・・・・・・・	別書き
・・・・・・・・・・・・・・・・	

(ア) 告示番号

告示には、同一性の表示と検索の便を図るため、告示番号を付けます。

(イ) 告示文

告示文は、告示の主体となる部分で、根拠法令、処分の内容等を表示します。

(ウ) 告示日

告示は、原則として、告示した日（東京都公報に登載した日）から当然に施行されるべきものであるので、効力の発生を告示した日とする場合は、施行期日について規定する必要はありません。

(エ) 別書き

告示の内容が量的に多く、また、複雑な場合は、告示文ですべての内容を表現せず、別書きで箇条書きの形式をもって、内容の一部又は細目を表示します。

イ　一部改正

東京都告示第・・号	告示番号
□・・年東京都告示第・・号の一部を次のように改正する。	告示文
□□・・年・・月・・	日付
東京都知事・・・・・□□	公布者名
・・・・・・・・・	別書き
・・・・・・・・・	

ウ　廃止

東京都告示第・・号	告示番号
□・・年東京都告示第・・号は、廃止する。	告示文
□□・・年・・月・・日	日付
東京都知事・・・・・□□	公布者名

エ　公告

□□□・・・・・・・・・について	題名
□・・・・・・・・・・・・・・・・・・・・・・・・	告示文

次のように・・・・する。〔した。〕	
□□・・年・・月・・日	日付
東京都知事・・・・□□	公布者名
・・・・・・・・・・・・・・・・・・・・・	別書き

(注) 告示の形式に類似していますが、公告が告示と異なる点は、番号を付けないことと、内容を要約した題名を付けることです。

Q4

次の告示には、誤りがあります。どこですか？

東京都告示第千五十八号
　道路法第十八条第一項の規定により、都道の区域を次のように変更する。
　その関係図面は、平成二十一年七月十四日から起算して二週間東京都建設局道路管理部において一般の縦覧に供する。
　平成二十一年七月十四日
　　東京都知事　石原　慎太郎
1　路線名　北町豊玉
2　変更の区間　練馬区早宮四丁目四千八百三十番三十九地先から同区早宮三丁目五千一百四番四地先まで
3　変更の概要　別図表示のとおり（※別図は省略）

※ 別図は、問題作成の便宜上省略していますが、実際の告示には記載されています。

A4

東京都告示第千五十八号
　道路法（昭和二十七年法律第百八十号）第十八条第一 ①
項の規定により、都道の区域を次のように変更する。

その関係図面は、平成二十一年七月十四日から起算して
二週間東京都建設局道路管理部において一般の縦覧に供
する。
□□平成二十一年七月十四日
東京都知事　石　原　慎太郎□□
一　路線名　北町豊玉　②
二　変更の区間　練馬区早宮四丁目四千八百三十番　②
三十九地先から同区早宮三丁目
五千二百四番四地先まで
三　変更の概要　別図表示のとおり（別図略）　②

【解答のポイント】

法律名を記載するときは、その法律の法律番号を記載します。(①)

縦書きの告示文で使用する項番は、一般的に漢数字を使用します。(②)

Q5　次の内容で公告文を作成してください。

公告件名：特定非営利活動法人の設立の認証申請について

告 示 文：特定非営利活動促進法（平成10年法律第7号）第10条第1項に規定する特定非営利活動法人の設立の認証の申請があったので、同条第2項及び特定非営利活動促進法施行条例の施行に関する規則（平成10年東京都規則第243号）第3条の規定により、次のとおり公告する。

公 布 日：平成21年7月15日

公布者名：東京都知事　石原　慎太郎

別 書 き：1　申請のあった年月日
　　平成2X年7月1日
　2　特定非営利活動法人の名称

特定非営利活動法人△△の会

3　代表者の氏名

△△　太郎

4　主たる事務所の所在地

東京都A区B2丁目12番16号

5　定款に記載された目的

この法人は、広く一般市民を対象として、国際交流に関する普及啓蒙活動を行うことを目的とする。(以上原文のまま掲載)

【解答用紙・縦書き】　↓

A1

□□□特定非営利活動法人の設立の認証申請について	題名
特定非営利活動促進法（平成十年法律第七号）第十条第一項に規定する特定非営利活動法人の設立の認証の申請があったので、同条第二項及び特定非営利活動促進法施行条例の施行に関する規則（平成十年東京都規則第二百四十三号）第三条の規定により、次のとおり公告する。	告示文
□□平成二十X年七月十五日	日付
東京都知事　石　原　慎太郎□□	公布者名
一　申請のあった年月日 平成二十X年七月一日 二　特定非営利活動法人の名称 特定非営利活動法人△△の会 三　代表者の氏名 △△　太郎 四　主たる事務所の所在地 東京都A区B二丁目十二番十六号 五　定款に記載された目的 　この法人は、広く一般市民を対象として、国際交流に関する普及啓蒙活動を行うことを目的とする。（以上原文のまま掲載）	別書き

コ・ラ・ム

溶け込み

既存法規の一部改正の例規文について、東京都は、改正する箇所のみを「改め文」で表現する「一部改正方式」をとっています。改正の施行に伴って、既存の法規を一部改正後の状態にすることを「(改正文を改正元例規に)溶け込ませる」といいます。「溶け込ませる」ことで現行法規を一覧することができます。

欧米の法規の改正は、新たな条文を制定、追加していく方式で、改正規定の内容把握が容易です(既存法規に溶け込ませることはありません。)。

【東京都の例】

都民の健康と安全を確保する環境に関する条例(平成12年東京都条例215号)

(改正前の条文)

第四十五条　自動車等を製造する者(以下「自動車製造者」という。)は、低公害車の開発に努めなければならない。

↓

(改正条例)

都民の健康と安全を確保する環境に関する条例の一部を改正する条例(平成21年東京都条例第44号)抜粋

第四十五条中「低公害車」を「低公害・低燃費車」に改める。

↓

(改正後の条文)

第四十五条　自動車等を製造する者(以下「自動車製造者」という。)は、低公害・低燃費車の開発に努めなければならない。

【アメリカ合衆国の例】

アメリカ合衆国憲法修正第18条(1919年)

第1節　本条の承認から一年を経たのちは、合衆国およびその管轄権に従属するすべての領土において、飲用の目的で酒精飲料を醸造、販売あるいは運搬、またはその輸入あるいは輸出を行うことを禁止する。
アメリカ合衆国憲法修正第２１条（1933年）
第１節　合衆国憲法第18条は、ここにこれを廃止する。

（参考）　改正するときの例規文を新旧対照表で表現する方式を「新旧対照表方式」といいます。

●第2部の参考図書
『自治体の公用文作成ハンドブック』小澤達郎　前田敏宣著（学陽書房）
『分かりやすい公用文の書き方』礒崎陽輔著（ぎょうせい）
『新版　起案例文集』自治体文書研究会　編集・発行（ぎょうせい）
『東京都文書事務の手引』東京都総務局総務部文書課　編集・発行

第3部

政策法務と自治立法

⑧日目　政策法務の基礎知識
⑨日目　条例・規則の作り方
⑩日目　規定別条文の書き方

8日目 政策法務の基礎知識

8日目は、近頃話題の「政策法務」について学びます。政策法務とは何か、政策法務で重要なことは何か、政策法務の基礎知識を学び、実際の仕事場で活用できるようにしましょう。

1 「セイサクホウム」って何？

Q1 次の2つの文は正しいですか？　誤りですか？

1　最近は行政にもスピードが求められるので、法律や条例に規定がなくても、急を要することであればやってもよい。
2　国からの技術的助言のとおりに事務を執行していれば、違法となることはない。

最近、「地方公共団体には政策法務が必要である」などという言葉を頻繁に耳にするようになりました。地方公共団体の中には、「政策法務」を冠する担当の組織が作られ、また、職員向けに「政策法務研修」を行っているところも増えています。

その背景には、地方分権一括法が施行され、地方公共団体の条例制定権が拡大したことによって、「自己決定・自己責任」の考えに基づき、地方公共団体は地域の実情にあった政策展開を行うことがこれまで以上に求められることが挙げられます。

この「政策法務」に関しては、明確な定義や答えがあるわけではありません。「政策法務」を研究する人、実践する地方公共団体等によって、それぞれ解釈が異なります。立場の違うそれぞれが「政策法務」を実践していくことで、その概念はさらに多岐にわたります。

東京都では「政策法務」を、次のように考えています。

地方公共団体が、地域のために、

① 政策的妥当性と法的統制の二つの側面を踏まえて自主的に条例立案等を行うこと。

② 自己決定・自己責任のもとで、法令を自主的に解釈し執行・運用すること。

③ 争訟の結果を評価し、立法や事務執行の見直しにつなげること。

2 「政策法務」の取組

(1) 法による行政の徹底

１点目は、「法律による行政の原理」です。

「行政活動は、法律の定めるところにより、法律に基づいて行われなければならない」という行政法の大原則のことです。この「法律」には、国の法律はもちろん、政令、条例、規則なども含まれます。

地方公共団体の職員が、根拠法令等を常に念頭に置き、理詰めで仕事を行うのはそのためです。その際、「政策法務」の観点から、法令の文言及びその趣旨を確実に踏まえ、解釈した上で、法令を駆使することが大切です。

(2) 法令の自主解釈

2点目は、「法令の自主解釈」です。

平成12年の地方分権一括法の施行によって、地方公共団体の行う事務は「自治事務」と「法定受託事務」とに再構成され、国の通知の多くは「技術的助言」という位置付けとなりました。

こうした制度改革によって、地方公共団体は、自らの責任において法令解釈を行わなければならなくなったのです。

ここでいう法令解釈は、①事実関係の整理とその確定（事実認定）、②

抽象的な法令の意味を具体的に明らかにするための法令解釈、③認定した事実に対し、解釈によって明らかにした法令の規定を当てはめる法令適用、という手順の中で行われることとなります。

地方分権一括法が施行される前は、「機関委任事務」を国の指揮監督の下に処理する必要があり、法令解釈も、国の「通達」に従って行う必要がありました。しかし、地方分権一括法の施行によって、「法定受託事務」に関する「処理基準」が定められたほか、国からの通知の多くが「技術的助言」と位置付けられ、この「通達」が廃止されたため、地方公共団体は、自主的・自立的に法令解釈を行わなければならなくなりました。

こうした状況において、地方公共団体にとって、法令解釈の手がかりとして重要となるのが、裁判所の「判例」です。法令の適用が適法なのか違法なのかを最終的に判断するのは裁判所です。国が出した「技術的助言」のとおりに執行したからといって必ずしも裁判所で適法と判断されるとは限りません（P134コラム参照）。一方、同様の事件が起きたときには裁判所は過去の判例と同様の判断を下す可能性が大きいといえます。だからこそ、法令解釈は、「判例」を踏まえて行うことが必要なのです。

もちろん、国の「技術的助言」を参考にすることを否定はしませんが、あくまで自己責任のもとで精査をした上で採用することが必要です。

(3) 政策法務の流れ

「政策法務」は、いわゆるPlan（計画）－Do（実行）－See（評価）に対応する形で考えるのが分かりやすいといえます。それを図示したものが次の図になります。

政策法務のイメージ図

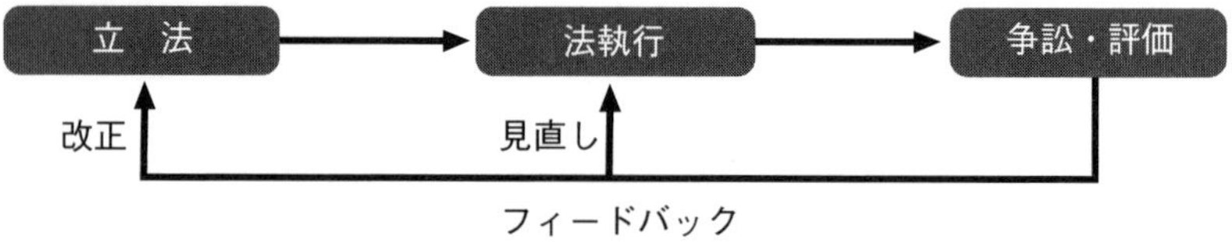

「政策法務」の取組は、条例等をつくり（立法）、つくった条例等を執行し（法令執行）、法令執行に対してなされた争訟を解決し、及びその結果

を点検・評価し（争訟・評価）、それを立法や法令執行にさらにフィードバックしていく一連のサイクルの中で進められます。

これを実務に即して説明すると、例えば行政処分を行う場合には、地方公共団体自らの責任において適正な事実認定・法令解釈・法令適用の下に「法令執行」を行うとともに、その結果として、仮に「争訟」になるなどして問題が発見されれば、条例等の改正、執行・運用の見直しなどにつなげていくことになります。

A1

1　誤り。行政活動は、法律の定めるところにより、法律に基づいて行われなければなりません。もちろんスピードは重要です。法令の文言及びその趣旨を確実に踏まえ、解釈した上で、法令を駆使して、目標を達成するのが、まさに「政策法務」です。

2　誤り。国の「技術的助言」には法的拘束力はなく、これに従って行った行政行為が違法である場合でも、地方公共団体が責任を負うことになります。

3 法的課題への対応手順

Q2　次の2つの文は正しいですか？　誤りですか？

1　法的問題に直面したときには、まずは、事実関係の調査を行うとともに、根拠法令を確認することが重要である。

2　法令解釈を行う際に、もっとも参考となるものが判例である。

日常業務を行うなかで法的な課題が発生した場合には、どのように対応すればよいのでしょうか？

これまでお話してきた「政策法務」とは、この法的課題に的確に対応することで進められるといっても過言ではありません。

法的課題に的確に対応するためには、根拠法令等を確認する、事実関係を整理し確定させるなどの手順を確実に行うとともに、必要に応じて判例の調査等を行うことがとても重要です。ここでは、この法的課題への対応手順について確認していきます。

(1) 根拠法令等の調査・確認

まず、事業等の前提や全体像の把握をした上で、その事業等の根拠となる法令等の確認を行います。その際、法令や契約の規定など法的拘束力を有するもの、国からの通知など「技術的助言」にとどまるもの、要綱・要領のように地方公共団体の内部基準に位置付けられるもの、というように区別をして整理することが必要となります。

(2) 事実関係の整理・確定（事実認定）

⑴と並行してなぜ法的課題が発生したのか？　について調べます。事実認定は、法令の解釈・適用の前提として重要であるため、確実に行い、法的課題の発生状況の調査、課題発生に到る経過の確認、関係書類の整理・保存、関係者からの聞き取り等を行った上で、事実関係を整理し、確定させなければなりません。

(3) 論点整理

⑴と⑵を基に、問題点の把握・明確化を行った上で、根拠法令等の当てはめを行い、論点の整理を行います。

(4) 判例等の調査、関係機関への照会等

⑶で論点整理を行った際、法令解釈で疑義が生じたときには、適宜、判例の調査を行うとともに、必要に応じて、国等の関係機関への照会、類似制度での取扱いの確認等を行います。その際は、判例を踏まえて法令の自主解釈を適正に行い、関係機関からの回答等については、そのまま鵜呑みにするのではなく、精査をした上で採否を判断することが必要です。

判例とは、個々の特定の裁判において示された裁判所の法律的判断をい

います。全国には数多くの裁判官がいますが、裁判を受ける側からしてみれば、どの裁判官に担当されても同じ判断が示されなければ不公平となります。また、裁判は、国の機関という立場において行われるものですので、どの裁判官が担当になろうとも判断は同じであるべき性質のものです。

したがって、裁判所の判断から、別の事件についての裁判所の判断が予測できるので、判例は、問題解決のための重要な手段となるのです。

(5) 解決策の決定・実施と解決事例の蓄積・共有化

これまでの検討を踏まえて課題に対する解決策を決定する際には、執行内容の判断、運用の見直し等にとどまることなく、場合によって、条例・規則の改正、国への法令改正の提案等も視野に入れて行う必要も生じます。また、解決事例を今後の課題解決に生かすためには、解決策を実施するだけで終わりにしてはいけません。解決策の実施後は、解決事例を分野ごとに整理した上で、事例を蓄積し、関係部署または地方公共団体全体で共有することが何よりも有効となります。

A2 1 正しい。法的問題が発生したときは、まずは、「なぜ問題が発生したのか？」事実関係の調査を行い、あわせて、その問題となった事業の根拠となる法令等を確認しましょう。

2 正しい。判例は、個々の特定の裁判において示された裁判所の法的判断であり、問題解決のための重要な手段となります。

【確認事項】 法的課題への対応の際の留意点

- □ 根拠と考えているものに、法的拘束力はありますか
- □ 認定事実に裏付ける証拠はありますか
- □ 法令解釈を行うときは、十分に判例の調査を行いましたか
- □ 関係機関からの回答を参考にするときは、その内容について十分に精査しましたか
- □ 解決策として、条例・規則の改正や国への法令改正の提案を行う必要はありますか

コ・ラ・ム

国からの通知があるからといって……

「在ブラジル被爆者健康管理手当等請求事件」
<平成19年2月6日　最高裁判所第３小法廷判決>

国の通達に従って地方公共団体が事務を進めていたところ、その事務が違法であるとされた事例です。国の通知があるから、それに従ってやれば必ずその事務は適法である、というわけではないことを地方公共団体の職員として自覚しておきましょう。

【事件の概要】

・県は、原子爆弾被爆者に対する援護に関する法律等による健康管理手当の支給事務（機関委任事務（当時））を行っていました。
・被爆者援護法等には、「健康管理手当の受給権を取得した被爆者が国外に居住地を移した場合に同受給権を失う」とは規定していませんでしたが、国の通達（当時）は、「健康管理手当の受給権は、当該被爆者が我が国の領域を越えて居住地を移した場合、失権の取扱となる」と定めていました。
・被上告人は、健康管理手当を受けていましたが、その後ブラジルに出国したので、県は手当の支給を打ち切りました。
・その後、国は、この通達を廃止し、また、法律施行令、法律施行細則に、「被爆者健康手帳の交付を受けた者であって国内に居住地及び現在地を有しないものも健康管理手当の支給を受けることができることを前提とする規定」を定めました。
・これに伴い、県は、被上告人らに健康管理手当を支給しましたが、健康管理手当のうち、本件各提訴時点で既に各支給月の末日から５年を経過していた分については、地方自治法第236条の時効により受給権が消滅したとして、その支給をしませんでした。
・そうしたところ、被上告人が、県に対して、５年より前の未支給手当とこれに対する遅延損害金の支払いを求めて訴訟を起こしました。

【最高裁判決】

これについて、最高裁は、

・上告人は、被上告人らがブラジルに出国したとの一事により、同受給権につき通達に基づく失権の取扱いをしたものであり、しかも、このような通達や取扱いには何ら法令上の根拠はなかった。
・通達は、行政上の取扱いの統一性を確保するために、上級行政機関が下級行政機関に対して発する法解釈の基準であって、国民に対し直接の法的効力を有するものではないとはいえ、通達に定められた事項は法令上相応の根拠を有するものであるとの推測を国民に与えるものであるから、前記のような通達の明確な定めに基づき健康管理手当の受給権について失権の取扱いをされた者に、なおその行使を期待することは極めて困難であったといわざるを得ない。
・国が具体的な権利として発生したこのような重要な権利について失権の取扱いをする通達を発出する以上、相当程度慎重な検討ないし配慮がされてしかるべきものである。
・県が消滅時効を主張して未支給の本件健康管理手当の支給義務を免れようとすることは、違法な通達を定めて受給権者の権利行使を困難にしていた国から事務の委任を受け、又は事務を受託し、自らも上記通達に従い違法な事務処理をしていた普通地方公共団体ないしその機関自身が、受給権者によるその権利の不行使を理由として支払義務を免れようとするに等しいものといわざるを得ず、信義則に反し許されない。

と判示し、県に、被上告人に対して未支給分の健康管理手当とこれに対する遅延損害金を支払うよう命じました。

【判決から見えること】

被上告人が出国した時、健康管理手当の支給に関する事務は「機関委任事務」であり、県は国の通達どおりに判断し、支給を行わざるを得ない状況でした。そのため、通達どおり事務を行い、支給を打ち切ったのですが、この裁判では県が敗訴してしまったのです。

現在では、「機関委任事務」は廃止され、「法定受託事務」であっても地方公共団体の事務とされており、判断の権限と責任は地方公共団体にあります。仮に、国の技術的助言などの通知どおりに事務を行っても、それは地方公共団体の判断で行ったものとされます。だからこそ、国の通知は参考としつつも、地方公共団体として責任を持って判断することが必要なのです。

4 法令の読み方

これまで述べてきたような「政策法務」を実践していくためには、まず基本的な法律の知識について知っておく必要があります。ここからは、法律の読み方、解釈の仕方など、法の基礎を学びます。

(1) 基本編

ア　目次を使う

目次は複雑な法令について、その全体像を把握したり、個々の条文の検索をしたりするのに非常に役に立ちます。

例　東京における自然の保護と回復に関する条例

目次
　第一章　総則(第一条—第八条)
　第二章　都民及び区市町村との連携等(第九条—第十二条)
　第三章　市街地等の緑化(第十三条—第十六条)
　第四章　自然地の保護と回復
　　第一節　保全地域の指定(第十七条—第三十七条)
　　第二節　湧ゆう水等の保全(第三十八条)
　第五章　野生動植物の保護(第三十九条—第四十六条)
　第六章　開発の規制(第四十七条—第五十六条)
　第七章　雑則(第五十七条—第六十三条)
　第八章　罰則(第六十四条—第六十八条)
　附則

イ　見出しを使う

見出しは個別の条文の内容を簡潔に要約しているので、その条文の内容の概要を理解したり、必要な規定を探したりするときに役に立ちます。

> **例**　東京における自然の保護と回復に関する条例
>
> (施設等の緑化義務)
>
> 第13条　道路、公園、河川、学校、庁舎等の公共公益施設を設置し、又は管理する者及び事務所、事業所、住宅等の建築物を所有し、又は管理する者は、当該施設、建築物及びこれらの敷地について、植樹するなど、それらの緑化をしなければならない。

ウ　目的規定

目的規定は法令の最初に置かれ、その法令が定められた目的が規定されています。個別の条文はすべてこの目的を達成するために規定されているので、法令解釈や運用はこの目的に沿って行わなければなりません。

> **例**　東京における自然の保護と回復に関する条例
>
> (目的)
>
> 第１条　この条例は、他の法令と相まって、市街地等の緑化、自然地の保護と回復、野生動植物の保護等の施策を推進することにより、東京における自然の保護と回復を図り、もって広く都民が豊かな自然の恵みを享受し、快適な生活を営むことができる環境を確保することを目的とする。

エ　定義規定

定義規定は、その法令の中で使われる用語の意味を明確にするために置かれています。この定義規定については、まず用語の定めを一通り確認し、この用語が実際に使われている条文を読むときに再び確認しましょう。

例　東京における自然の保護と回復に関する条例

(自然の定義)
第2条　この条例において、「自然」とは、大気、水、土壌及び動植物等を一体として総合的にとらえたもので、人間の生存の基盤である環境をいう。

オ　附則

法令には最後に「附則」というものが付いています。附則はおろそかにされがちですが、実は重要な機能を果たしているのです。附則には、その法令がいつから効力を発生するのか（施行期日）ということを定め、法令の改正に伴う特例措置（経過措置）が定められています。法令をいつから適用させるのかということは重要です。また、法令改正があった場合に、今までの法令の適用関係については、附則の規定をよく読んで、取扱いを誤らないようにしなければなりません。

例　東京における自然の保護と回復に関する条例

附　則
(施行期日)
1　この条例は、平成13年4月1日（以下「施行日」という。)から施行する。
(経過措置)
2　この条例の施行の際、現にこの条例による改正前の東京における自然の保護と回復に関する条例(以下「改正前の条例」という。)第18条の規定に基づき委嘱されているみどりの推進委員は、施行日から起算して1年以内に限り、存続することができる。

目次、見出し、目的規定、定義規定、附則。ルールを押さえて読んでみよう。

(2) ステップアップ編～複雑な条文の読み方

法令の条文は、複雑で一読しただけではその内容を理解することが難しいものもあります。この場合は、大きく意味をつかんだ後に細かい部分をつかんでいくとよいでしょう。そのためのテクニックとしては次のようなものがあります。

ア　条文を単純化する

主語、述語をはっきりさせます。その後で修飾語がどの語句にかかっているのかを読みます。

イ　条文を分解する

「及び」や「並びに」、「又は」や「若しくは」によって語句が並列につながれているので、長文で難解である場合は、その条文を分解します。

ウ　括弧を飛ばして読む

条文中に括弧で囲まれた長い文章があると、文章の続きがどうなるのか分かりにくく、難解な条文であるように見えます。この場合、一度括弧を飛ばして読んでみます。大きな意味をつかんだ後に、括弧内の事項の意味を理解するとよいでしょう。

(3) エキスパート編～じっくりと法令を読むときは

法令をじっくりと読まなければならないときは、次の点に留意します。

ア　法令は前から読む

(ア) 全体を意識

法令を初めて読む人は、自分が読んでいる条文だけに集中しすぎて、その法令全体の考え方や構成を見逃してしまうことがあります。法令の規定は一つひとつの規定が絡み合って一つの内容を表現していますので、法令全体を見据えないと、誤った読み方をしてしまうことになりかねません。そのためにも、「法令は前から読む」ことが大切なのです。

(イ) 総論の重要性

法令は「総論」と「各論」という形で構成されており、法令の前の方に「総論」の規定が置かれます。「総論」部分には、その法令全体に共通する事項が規定され、具体的には、その法令が定められた目的や趣旨についての規定や、その法令の中で使われる言葉の意味を定める定義についての規定が置かれています。したがって、目的を理解しないで個々の条文を読んだり、法令中の言葉を思い込みで定義すると、読み方を誤ることになります。

イ　法令は後ろまで読む

法令はもう一つ、「基本」と「例外」という形でも構成されています。

実際は、原則的な基本規定が中心となって働き、特例規定は例外的に基本規定に対する例外を定めるという形が通常です。特例規定は基本規定に優先して働く場合が多いので、基本規定だけを読んだだけでは十分ではありません。

また、ある行為を禁止したり、義務を課したりする規定に違反した場合の罰則に関する規定が法令の一番後ろにまとめて置かれる場合があります。このため、禁止規定や義務規定を読んだだけでは、それらの規定違反に対してどんな制裁があるのか分かりません。したがって、基本条文の後ろも読まないと、法令の適用を誤るおそれがあるのです。

(4) 法令用語

Q3　**1　二つの文章が同じ意味になるように、下の文章の空欄に「及び」か「並びに」を入れてください。**

ブルーベリーの実と柿の実と大根ときゅうり
＝ブルーベリー［　　］柿の実［　　］大根［　　］きゅうり

2　次の規定を、急いですべき順序に並べてください。

① 遅滞なく手数料を納付しなければならない。
② 直ちにその文書を収受しなければならない。
③ 速やかに報告書を提出しなければならない。

法令では、独特の用語が独特の意味で使われます。主な用語は次のとおりです。

ア　「及び」と「並びに」

二つ以上の文言をつなぐ併合的接続詞であるが、用法は、次のように分けられます。

(ｱ) 一つの物事と別の一つの物事の二つを結び付けたり、同時に採り上げたりする場合には、常に「及び」を使います。

例　Ⓐ　及び　Ⓑ

> **例**　地方自治法第1条の3第1項
>
> 地方公共団体は、普通地方公共団体及び特別地方公共団体とする。

(ｲ) 接続の段階が2段階以上の場合

一番小さい接続だけに「及び」を使い、それ以外の接続にはすべて「並びに」を使います。

例　Ⓐ　及び　Ⓑ　　並びに　　Ⓒ　及び　Ⓓ

> **例**　地方自治法第252条の17の7
>
> 総務大臣は、第252条の17の5第1項及び第2項並びに前条第3項及び第4項の規定による権限の行使のためその他市町村の適正な運営を確保するため必要があるときは、都道府県知事に対し、市町村についてその特に指定する事項の調査を行うよう指示をすることができる。

(ｳ) 単純に並列な接続が多くなる場合

最後の接続だけに「及び」を使い、それより前の接続はすべて読点を使ってつなぎます。

例　Ⓐ、　Ⓑ、　Ⓒ　及び　Ⓓ

例　地方自治法第231条の3第1項

分担金、使用料、加入金、手数料及び過料その他の普通地方公共団体の歳入を納期限までに納付しない者があるときは、普通地方公共団体の長は、期限を指定してこれを督促しなければならない。

イ　「又は」、「若しくは」

ある物事とある物事のうち、どちらか一方を採り上げることを表す場合に使い、その用法は、次のとおりです。

(ｱ) 二つの物事のうち、どちらか一方であることを表す場合には、常に「又は」を使います。

例　Ⓐ　又は　Ⓑ

例　地方自治法第6条第1項

都道府県の廃置分合又は境界変更をしようとするときは、法律でこれを定める。

(ｲ) 接続の段階が2段階以上の場合

一番大きい接続だけに「又は」を用い、それ以外の接続にはすべて「若しくは」を使います。

例　Ⓐ　若しくは　Ⓑ　又は　Ⓒ

例　地方自治法第242条の2第1項本文

普通地方公共団体の住民は、前条第1項の規定による請求をした場合において、同条第4項の規定による監査委員の監査の結果若しくは勧告若しくは同条第9項の規定による普通地方公共団体の議会、長その他の執行機関若しくは職員の措置に不服があるとき、又は監査委員が同条第4項の規定による監査若しくは勧告を同条第5項の期間内に行わないとき、若しくは議会、長その他の執行機関若しくは職員が同条第9項の規定による措置を講じないときは、裁判所に対し、同条第1項の請求に係る違法な行為又は怠る事実につき、訴えをもって次に掲げる請求をすることができる。(以下略)

(ウ) それぞれ等格の三つ以上の物事の中からその一つを選ぶ場合には、最後に掲げる物事の前にだけ「又は」を使い、他は読点を使います。

例 Ⓐ 、Ⓑ 、Ⓒ 又は Ⓓ

例 地方自治法第204条第2項

普通地方公共団体は、条例で、前項の職員に対し、扶養手当、地域手当、住居手当、初任給調整手当、通勤手当、単身赴任手当、特殊勤務手当、特地勤務手当(これに準ずる手当を含む。)、へき地手当(これに準ずる手当を含む。)、時間外勤務手当、宿日直手当、管理職員特別勤務手当、夜間勤務手当、休日勤務手当、管理職手当、期末手当、勤勉手当、期末特別手当、寒冷地手当、特定任期付職員業績手当、任期付研究員業績手当、義務教育等教員特別手当、定時制通信教育手当、産業教育手当、農林漁業普及指導手当、災害派遣手当(武力攻撃災害等派遣手当を含む。)又は退職手当を支給することができる。

ウ 「以上」、「超える」、「以下」、「未満」

(ア)「以上」

基準となる一定の数量を含んで、それより多い数量を表します。

(イ)「超える」

基準となる一定の数量を含まないで、それより多い数量を表します。

「超えない」は、「以下」と同じです。

(ウ)「以下」

基準となる一定の数量を含んで、それより少ない数量を表します。

(エ)「未満」

基準となる一定の数量を含まないで、それより少ない数量を表します。

エ　「以前」、「以後」、「前」、「後」、「以降」

(ア)「以前」及び「以後」

基準点を含んで、それより前又は後の時間的範囲を表します。

(イ)「前」及び「後」

基準点を含まないで、それより前又は後の時間的範囲を表します。

(ウ)「以降」

「以後」と同じ意味ですが、制度的に毎年又は定期的に継続して行われる事項を規定する場合に「以降」が使われることが多いです。

オ　「とき」、「時」、「場合」

(ア)「とき」

必ずしも「時点」という限定した意味ではなく、広く「場合」という語と同じような意味で使います。

(イ)「時」

時の経過の中のある一点をとらえて、時期、時刻というような限定した時点を示す用語として使います。

(ウ)「場合」

仮定的条件を示すときに、又は既に規定されたある事項を引用する包括的条件を示すときに、その趣旨を表す語として使います。

(エ)「とき」と「場合」の両者を用いるときの使い分け

最初の大きな条件のときには「場合」を、次の小さな条件を表すときには「とき」を使います。

カ　「当該」

「当該」の語は、基本的には「その」と意味と同じですが、法令で使う場合、次のような意味を持つ語として使います。

・　「その」、「問題となっている当の」という意味

・　「そこで問題となっている場合のそれぞれの」という意味

・　「当該各号」の表現のように「該当するそれぞれの号」という意味

・　「当該職員」のように「当該」と「職員」ではなく、一つの特殊な

法令用語として職制上又は特別の委任により、一定の行政上の権限を与えられている国又は地方公共団体の職員という意味

キ　「直ちに」、「遅滞なく」、「速やかに」

三つとも「すぐに」ということを表す言葉ですが、次のように若干のニュアンスの違いがあります。

(ア)「直ちに」

三つの中では語調が強く、何をおいても、すぐにという趣旨を表そうという場合に使います。

(イ)「遅滞なく」

「すぐに」ということを強く要求されますが、その場合でも正当な、又は合理的な理由に基づく遅滞は許されるというように解されており、事情の許す限り最も速やかにという趣旨を表します。

(ウ)「速やかに」

もちろんできるだけ早くという意味を表しますが、訓示的な意味に用いられ、これに違反し、義務を怠った場合でも前二つのように違法という問題が生じない場合に使われることが多いです。

ク　「推定する」と「みなす」

(ア)「推定する」

ある事柄について、当事者間に取決めがない場合に、法令が一応一定の事実状態にあるものとして判断し、そのように取り扱うことをいいます。

(イ)「みなす」

「ある物事」と性質が異なる「他の物事」のことを、一定の法律関係において、「ある物事」と同じ物事として、その「ある事物」について生ずる法律効果をその「他の物事」について生じさせることをいいます。

ケ　「ただし」と「この場合において」

「ただし」と「この場合において」は、文章と文章とを結ぶ場合に使わ

れ、次のように使い方が違います。

(ア)「ただし」

通常主文章である前の文章の内容に対して、その例外を定めたり、その内容を制限したりする場合に使います。ただし、まれに単に前の文章を受けてその内容を若干説明的に付け加える場合に用いられることもあります。

(イ)「この場合において」

「ただし」とは反対に、主文章である前の文章の内容をそのまま受けて、その場合の中で特定の内容を表現するときに使います。

コ　「なお従前の例による」と「なお効力を有する」

どちらも、法令の改正や廃止、制定の場合に、附則で、新旧法令の適用関係について経過措置を規定する際に使われる慣用句です。

意味は、二つとも大体同じような意味で、新法令の規定によらず、旧法令の規定を適用するということですが、その法律効果は次のように若干異なります。

(ア)「なお効力を有する」場合の根拠は、なお効力を有するとされた旧規定そのものであるのに対し、「なお従前の例による」の場合は、旧規定は失効していて、「なお従前の例による」という規定のみが適用の根拠となります。

(イ)「なお効力を有する」の場合は、なお効力を有するとされるのはその旧規定だけであって、旧規定に基づく施行命令等についてはそれに関する経過措置を別に定める必要があるのに対し、「なお従前の例による」の場合は、施行命令等を含めて包括的に従前の例によるのであって、施行命令等に関する経過措置を別に定める必要はありません。

(ウ)「なお従前の例による」の場合は、新法令の施行直前の旧制度をそのまま凍結して適用するので、この凍結状態を解除することなしに旧制度の一部分である施行命令等を後で改正することはできませんが、「なお効力を有する」の場合は、効力を有する旧規定に基づき施行命令等を後で改正することはできます。

サ　「科する」、「課する」

(ア)「科する」

刑罰、行政罰としての過料等を一般的な形で規定する場合に使います。

(イ)「課する」

住民に対し、公権をもって租税その他の金銭等を賦課し、徴収することを規定する場合に使います。

シ　「当分の間」

ある措置が臨時的なもので、将来にこの措置が廃止又は変更されることが予定されていても、制定時点では直ちにその時期を見通すことができない場合に使います。

また、ある法令が廃止又は改正された場合で、改正前の規定を一定期間存続させておく必要があるときにも使います。

「当分の間」を用いた規定は、将来、別の立法上の措置が講じられない限り存続し、効力を有することになります。

ス　「善意」、「悪意」

法令用語としての「善意」は、単に「事実を知らない」という意味で使われます。「悪意」は、単に「事実を知っている」という意味で使われます。いずれも日常用語としての倫理的・道徳的な意味はないので、注意しなければなりません。

A3　1　ブルーベリーの実と柿の実と大根ときゅうり

＝ブルーベリー 及び 柿の実 並びに 大根 及び きゅうり

ここでは、ブルーベリーと柿の実で果物系グループ、大根ときゅうりが野菜系グループとしてそれぞれ接続され、さらにそれらのグループが接続されています。よって、接続の段階が2段階以上の場合は一番小さい接続だけに「及び」を使い、それ以外の接続にはすべて「並びに」を使うという原則に従い、解答のとおりとなります。

2 ②、①、③の順番。

どれもすぐやらなければなりませんが、「直ちに」がもっとも語調が強く、次いで「遅滞なく」、「速やかに」の順になります。当然ながら「速やかに」と規定されているからといって、少しゆっくりでもよいというものではありません。

5 法令解釈について

「政策法務」を行う上で避けて通れないものが、「法令解釈」です。この法令解釈にはいろいろな種類があり、場面により使い方も変わってきます。ここでは法令解釈の種類とその仕方を学びます。

(1) 法令解釈の種類

ア 文理解釈

文理解釈とは、法令の規定をその文字や文章の意味するところに従って忠実に解釈していこうとする方法です。立法者は、法令の内容を正確に表現するのに細心の注意を払い言葉を選んでいるので、解釈にあたってはまずその言葉に忠実に、その意味するところを読み取るようにしなければなりません。そういう意味では、文理解釈は解釈の基本であるといえます。

文理解釈をする際には、法令に使われている用語は、日常生活で使われている意味で使われていると解釈するのが原則です。

イ 論理解釈

論理解釈とは、表面的な法令の文言にとらわれることなく、社会通念や論理的思考に基づいて解釈しようとする方法です。論理解釈には、次の種類があります。

(ア) 拡張解釈

法の規定の文言について、その文言の意味を一般の意味以上に拡張して解釈するものです。刑罰規定や基本的人権に重大な関係を有するような法令に関しては慎重にならなければなりません。

(イ) 縮小解釈

法の規定の文言について、その文言の意味を通常の意味より狭く解釈するものです。

(ウ) 反対解釈

ある事項について、法に規定があるとき、それ以外の事項については、その規定は適用されないと解釈するものです。規定に書いていないところは逆の効果が発生すると断定することになるため、この方法を用いる場合には、法令や個々の規定の趣旨を検討し、十分に注意しなければなりません。

(エ) 類推解釈

ある事項について、法に規定はなくとも、類似する事項に規定がある場合、その規定が同様に適用されると解釈するものです。刑罰法規にこの解釈方法をとることは許されないとされています。

ウ　具体例

文理解釈・論理解釈の具体事例を考えてみます。

例えば、ある公園に「この公園では、サッカーをしてはいけません。」という看板があったとします。

文理解釈では、文字通り「サッカーの禁止」ですが、論理解釈をとると次のように解釈されます。

拡張解釈	公園で遊ぶこと全般を禁止する、と解釈する。
縮小解釈	他人に迷惑をかけてはいけないという趣旨であれば、迷惑をかけないようにすればサッカーは禁止されない、と解釈する。
反対解釈	野球やテニスは禁止されていないので構わない、と解釈する。
類推解釈	ボール全般が他人に迷惑をかけるので禁止する趣旨であれば、野球やテニスなど球技は禁止されている、と解釈する。

(2) 法令解釈の仕方

ア　文字どおり読む

条文解釈は、まずは、条文の文言を素直に読むことが基本です（文理解釈）。条文で使われている用語は、専門用語や法令用語、定義規定で定義されている言葉などを除けば、日常生活の中で使われている通常の意味で使われていると考えましょう。

イ　「逐条解説」等

解釈の仕方によってはさまざまな意味にとらえられる条文もあります。その場合は、それぞれの法律ごとに「逐条解説」という条文ごとに解釈が書かれている書籍が出版されていることがあります。この書籍には、条文ごとにその条文の立法趣旨や解釈などさまざまな事項が記載されています。やや難しいですが、調べたい条文の情報収集には最適です。

【論理解釈を行う上で注意すべきこと】

□　法令の立法理由や立法目的に適合するように解釈すること。法理由や立法目的は、法令の始めにある目的規定や、法令によっては前文がついているものもあるので、それらなどから判断しましょう。

□　他の法令との関係を注意して、法令全体の調和を図りながら解釈しましょう。（例えば、ある法令の規定の解釈が、その部分だけを見れば妥当な結論であったとしても、別の法令に規定と矛盾してしまうものであれば、その解釈を採用することはできません。）

□　結果の妥当性に配慮しましょう。解釈によって反対の結論が出ることがありますが、採用する解釈が合理的なものであることを決定づけるものは、結果が妥当かどうかということになり、結果が妥当かどうかの判断基準は、公正・公平の観念に合致しているか、公共の福祉の維持・増進の方向を向いているかということになります。

6 判例の読み方

法令解釈に疑義が生じた場合に有効な材料が「判例」であると説明しました。

しかし、「判例を調べる」と一言でいっても、長いし、難しいし、何を言っているのかよく分からないと思う方も多いと思います。次の点に留意して判例を読んでください。

(1) 事実関係を読む

判例は、個々の特定の裁判において示された裁判所の法律的判断なので、その前提となる事実関係をよく把握していないと、仕事で参考にしてよいかどうかの区別もつきません。

判例を読むに当たっては、まず、「誰が何をして、何が起こったのか」ということをよく把握しておくことが必要です。

(2) 論点を知る

次に、当事者の間で「何が争われているのか」を把握しましょう。判旨は、この論点についての裁判所の答えです。つまり、論点を理解していないと裁判所の判断を誤って理解しかねません。

(3) 判旨を読む

最後に、論点についての裁判所の判断である判旨を確認しましょう。その際には、冒頭の事実関係を念頭において読むことが重要です。どのような理由から裁判所がそのような判断をしたのか、というところまで読みましょう。

9日目 条例・規則の作り方

条例は、地方公共団体が議会の議決を得て制定する法規です。国が制定する法律と同様の性質を持っています。ただし、国の法令に違反するような条例は制定できませんし、その効力は地方公共団体の区域内に限られます。

また、規則は、条例と同じく地方公共団体がその自主立法権により制定する法規ですが、議会の議決を経ずに長が制定できます。

ここでは条例・規則の作り方を学びます。条例・規則の性質や種類、実際の条例・規則の作り方について要点を押さえましょう。

1 条例

Q1 次の2つの文は正しいですか？　誤りですか？

1　住民の権利を制限し、住民に義務を課したりするためには、条例又は規則で定めなければならない。

2　条例・規則の実効性を担保するために罰則を置くことができ、2年以下の懲役若しくは禁錮、100万円以下の罰金、拘留、科料若しくは没収の刑又は5万円以下の過料を科する旨の規定を設けることができる。

(1) 条例で定めることができること・定めなければならないこと

条例で定めることができる内容は、その地方公共団体の事務に関することです。

地方公共団体が処理している事務の中には、本来は国の役割に関わる事務（「法定受託事務」といいます。）もありますが、このような事務についても地方公共団体が処理していることに変わりはないので、条例を制定することができます。

権利を制限したり、義務を課したりすることは、条例によらなければなりません。住民に義務を課したり、権利を制限したりするには、議会の議決を経た条例による必要があるのです。

また、条例で義務を課したり、権利を制限したりする際、その実効性を担保するために、罰則を置くこともできます。

（2）条例の種類

条例の種類は、次の4つがあります。

・　住民の権利を制限し、自由を規制し、義務を課する条例
・　住民の福祉を積極的に増進するための事務事業に関する条例
・　内部的事項に関する条例
・　その他の条例

それぞれについて、東京都で制定されている条例をいくつか例示します。

ア　住民の権利を制限し、自由を規制し、義務を課する条例の例

・　東京都食品安全条例（平成16年東京都条例第67号）
・　公衆に著しく迷惑をかける暴力的不良行為等の防止に関する条例（昭和37年東京都条例第103号）
・　東京都都税条例（昭和25年東京都条例第56号）

イ　住民の福祉を積極的に増進するための事務事業に関する条例の例

・　東京都立公園条例（昭和31年東京都条例第107号）
・　東京都児童育成手当に関する条例（昭和44年東京都条例第109号）
・　東京都文化振興条例（昭和58年東京都条例第46号）

ウ　内部的事項等に関する条例の例

・　東京都組織条例（昭和35年東京都条例第66号）
・　職員の給与に関する条例（昭和26年東京都条例第75号）

・　市町村における東京都の事務処理の特例に関する条例（平成11年東京都条例第107号）

エ　その他の条例の例

・　東京都個人情報の保護に関する条例（平成2年東京都条例第113号）

・　東京都環境基本条例（平成6年東京都条例第92号）

2 規則

(1) 規則の意義

規則とは、地方公共団体の長がその権限に属する事務に関して制定する法規です。

条例と同じく地方公共団体がその自主立法権により制定する法規ですが、議会の議決を経ずに長が制定する点が条例と異なっています。

規則は、①法令や条例から委任された事項を定める委任規則の性質を持つもの、②条例の規定を執行するために必要な事項を定める施行規則の性質を持つもの、③地方公共団体の長がその権限に属する事務に関し、条例とは別個に独立した法形式としての命令、の3つの事項を規定することができます。また、規則には5万円以下の過料を科する規定を置くことができます（地方自治法第15条第2項）。

条例で定めることのできる事項と規則で定めることのできる事項とは、競合する部分もあります。条例と規則のどちらにも規定がある場合には、条例の規定が優先されることとなります。

(2) 規則の種類

規則を内容別に分類すると、およそ次の3つに分けられます。

ア　法令の委任に基づく規則の例

・　東京都漁業調整規則（昭和40年東京都規則第160号）

イ　条例の施行に関する規則の例

・　薬事法施行細則（昭和36年東京都規則第76号）

ウ　長の権限に属する事務に係る規則の例

・　東京都文書管理規則（平成11年東京都規則第237号）

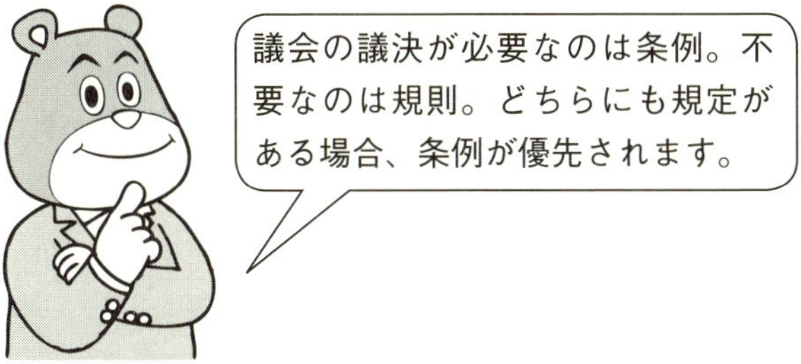
議会の議決が必要なのは条例。不要なのは規則。どちらにも規定がある場合、条例が優先されます。

A1

1　誤り。住民の権利を制限し、住民に義務を課したりするためには、条例で定めなければなりません。また、条例の委任がなければ、規則で定めることはできません。

2　誤り。2年以下の懲役若しくは禁錮、100万円以下の罰金、拘留、科料若しくは没収の刑又は5万円以下の過料を科する旨の規定を設けることができるのは条例です。規則は、5万円以下の過料を科すことしかできません。

3　条例・規則の作り方

Q2　次の2つの文は正しいですか？　誤りですか？

1　条例・規則を作る際には、必ず立法事実の組み立てと法令との適合性の検討を行わなければならない。

2　条例・規則を制定して課題を解決していく際には、課題に対する立法上の目標達成のための法的手段を必要性・合理性・効率性などの観点からできる限り幅広く検討する必要がある。

3　条例・規則は法令に反して制定することができないが、法令に規定がないものであれば、条例・規則で規定することに制限はない。

条例・規則を作る際には、(1)立法事実の組み立てと、(2)法適合性の検討が重要です。ここでは、これらの過程について説明した後、条例の種類ごとにその作成上の留意点を(3)で説明します。最後に、条例・規則の内容が決まった後、実際に条文を書くにあたっての注意点について、(4)で説明します。

(1) 立法事実の組み立て

立法の合理性を支える社会的、経済的、文化的な事実のことを**「立法事実」**といいます。目的の合理性（正当性）を裏付ける事実だけでなく、目的の達成手段（例えば、規制する場合には規制手段や規制の程度、罰則を設ける場合には罰則の必要性や罰則の程度など）が合理的であることを基礎付ける事実なども含まれます。

条例の検討過程は、立法事実を組立てる作業といえます。その作業は次のようなフロー図で表すことができます。

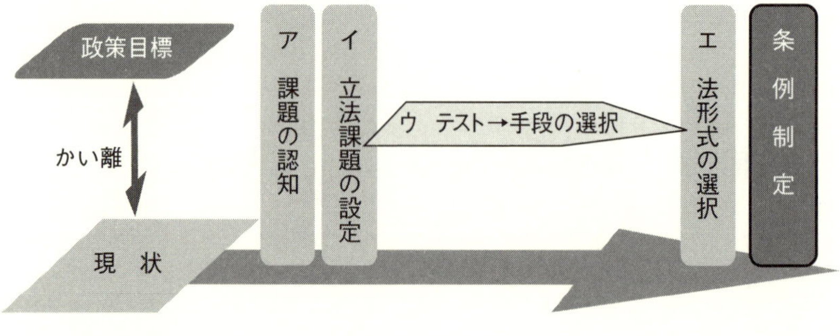

ア　課題の認知

地方公共団体や住民が求める理想の状態を明確にして、政策目標として設定します。一方、社会の現状を正確に把握し、政策目標とのかい離として発生している課題を認知します。

イ　立法課題の設定

認知された課題に関して、法規的対応の適否や優先項目の順序付けをすることにより、法規によって解決すべき課題を立法課題として設定します。その際、既存の法体系の中で解決が図られるもの、政策目的と手段を混同しているもの、時機を逸しているもの等は除外されます。また、審議会の答申、議会、関係団体等との調整が十分にされているか否かも検討する必要があります。

ウ　テスト→手段の選択

条例制定で課題を解決していく際には、規制、誘導、行政指導、契約など様々な法的手段がありますが、以下のテストを経て、法的手段を確定します。

【必要性のテスト】

・　規制による住民の不利益と規制によって実現する住民の利益の比較
・　現行法制度の不備と住民ニーズの整備
・　目的実現のための手段の選択は適切か。

【合理性のテスト】

・　目的実現のためにどこまで効果を発揮するか。
・　各法的手段によって達成されうる内容と規制による不利益を比較し、立法上の目標を達成する手段・手法のうち規制が最も弱いものを基調とする。
・　権利保護のための手続が適切に定められているか。
・　使用料等の算出根拠の妥当性や義務履行手段の妥当性

【効率性のテスト】

・　どの程度のコストで執行できるのか。その財源・人員は現実的で実現可能なのか。
・　費用対効果はどの程度か。
・　同等の効果で他の手段は選択できないか。

【協働性のテスト】

・　他の主体との連携・協働や役割分担に配慮しているか。

・　区市町村との権限や事務と矛盾抵触はないか。

【適法性のテスト】

・　憲法や法律との適合性はどうか。（詳細は(2)法適合性参照。）

・　制度間の整合性はあるか。

エ　法形式の選択

条例で定めるべき事項、規則で定めるべき事項、要綱等で定める事項について仕分けします。執行機関に白紙委任することは避けます。罰則や過料を定める場合には、適切な法形式を選択する必要があります。

【必要的条例事項】

・　権利・義務規定（地方自治法第14条）

・　地方公共団体の存立基盤にかかわるもの（事務所の設置、組織、定数等）

・　公の施設など法により条例設置が義務付けられているもの

・　法律と一体となって発動するもので、条例に委ねているもの（風俗営業等の規制及び業務の適正化等に関する法律、建築基準法等）

【規則に規定が委ねられた事項】

・　地方公共団体の事務のうち長の専属的権限に属する事項

○　長の権限委任(地方自治法第153条第1項)

○　都道府県の内部組織の設置(地方自治法第158条第1項)

○　長の法定代理者が欠けた場合の職務代理者の指定(地方自治法第152条第3項)

○　会計管理者の権限に属する事務を処理するための組織の設置(地方自治法第171条第5項)

・　法と一体で発動するもので規則に委ねているもの

(2) 法適合性

法令との適合性については、以下の7点に注意する必要があります。

ア　国の法律が存在せず、法上の規制が空白状態の分野については、条例で規制することができます。しかし、以前は法令の規制があった場合は、その法令廃止の趣旨が地域的な規制をも許さない趣旨であれば、条例の規制対象とすることはできません。

イ　法律で既に規制している事項であっても、その規制目的とは別の目的で同一事項に対し条例で規制することは可能です。

ウ　法律が一定規模以上の事項を規制している場合、その一定規模以下の事項を条例によって規制できるか否かは、当該法律の趣旨・目的の解釈によって定まります。法律が一定規模以下の事項を対象外としたのは、それを私人の自由な活動に委ねる趣旨とみる場合は、法律の先占領域として条例による規制はできません。しかし、当該法律が一定規模以下の事項を対象外としたのは、執行能力上の制約（予算や行政職員）からであるような場合は、未規制領域であると解して条例による独自の規制も可能です。このような条例を「すそ切り条例」といいます。

エ　法律が一定の事項を規制している場合、それ以外の事項を規制する条例を「横出し条例」といいます。横出し条例制定の適否は、既に規制している法律の趣旨・目的の解釈によって決まります。法令の趣旨・目的から判断して、条例で規定している規制までも法令が容認していないと考えられる場合は、条例で規制することはできません。

オ　法律が一定の規制を定めている事項について、法律と同一目的で、同一の事項に対しより厳しい規制を行う条例を「上乗せ条例」といいます。国の規制が緩やか過ぎるときに、その修正をしないと不都合が生じる場合に制定します。

カ　都道府県の条例は、区市町村の条例と対等・協力の関係にあるので、区市町村の条例と整合性をとる必要があります。また区市町村は、都道府県の条例に違反してその事務を処理してはならないし、抵触する場合は都道府県の条例が区市町村の条例に優先するので、都道府県が条例を制定する際には、区市町村の自治を制約しないように配慮することが必要です。総論としての相互協力関係を設けたり、条例が重なって適用された場合の区市町村との関係について、明文の規定を設けたりすることはできます。

キ　条例はその地方公共団体の区域内でのみ効力を持ちます。しかし、他県との役割分担について、相互協力の規定を設けることはできます。

法適合性はそれのみを抽象的に考えるのではなく、立法事実と併せて実質的な検討が必要となります。

訴訟においても、立法事実としての「地域の特段の事情」などが必ず争点になりますが、立法事実と法適合性とを組み合わせて考えることが重要です。

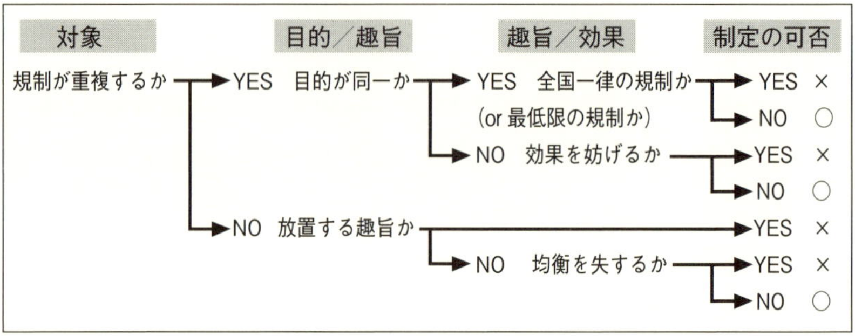

(3) 条例を作る上での注意点

1⑵法適合性で掲げた種類ごとに、条例を作る際の注意点を説明します。

ア　住民の権利を制限し、自由を規制し、義務を課する条例

まず、必要性・合理性のテストに照らして、規制内容の妥当性を明らかにします。それらのテストをクリアしたら、更に許可等の規定を設ける上で、技術的な注意を払う必要があります。注意点を下に列挙します。

- □ 許可、免許、特許、認可、登録、確認、受理、公証等の概念を明確にしたか。
- □ 申請方法（申請内容、添付書類）、手続規定（手続、経由等）の妥当性を検討したか。
- □ 申請処理方法の規定が適切か。
- □ 行政手続条例との整合は取れているか。
- □ 関係人の意見聴取や審議会への諮問等はないか。
- □ 区市町村の意見を聴くなどの手続はないか。

□　許可の証明などの規定はあるか。そのための手続規定はあるか。

□　許可基準は妥当か（行政の裁量がどこまで認められているものか。）。

□　不許可処分の規定を明確にしたか。

□　変更や効果の承継（相続や合併の規定）

□　許可の取消における取消理由（法令違反、欠格事由、許可条件違反、その他）を明確にすること、また取消手続を明確にしたか。

□　許可を受けずに行った行為に対する規定があるか。

また、条例で規定した義務の履行を確保するために、行政刑罰、行政上の秩序罰、行政代執行・簡易代執行、即時強制、公表、行政サービスの供給制限（例：入札への参加制限など）、金銭賦課制度のいずれかの手段を選択することができます。もしも、罰則を規定する場合には、検察庁との協議も含めて、規定の是非や構成要件、均衡などについて厳密な確認が必要となります。

監督手法が十分に機能しない場合は、次のような多様な手法を併せてとることもあります。例えば、啓発・情報提供手法（公表や説明の義務付け）や契約手法（例：まちづくりの協定など）が挙げられます。

イ　住民の福祉を積極的に増進するための事務事業に関する条例

(ア) 公の施設の設置及び管理に関する条例

次の点に留意します。

□　公の施設ではない施設について条例を設置する場合、条例化の必要性が明らかであるか。

□　公の施設の設置及び管理に関する事項を漏れなく規定しているか。

□　公の施設の管理において、指定管理者制度を導入するものについては、その規定を設けているか。

□　利用の許可、使用料の額、徴収方法、減免、利用制限等について規定しているか。

□　公の施設の区域外設置の場合には、当該区域の地方公共団体との協議を行ったか。

□　施設名称は、施設設置者が地方公共団体であることを明確にしているか（一般的には、○○県△△条例（「県立」とする場合には、「県立病院」「県立学校」「県立図書館」等であり、「県営」としている場合には、県営住宅条例、県営空港条例など個別法に根拠を有する場合である。）。

(イ)　給付に関する条例

給付条例は、必ずしも条例で定める必要はありません。しかし、条例制定するしないに関わらず、以下の点に注意が必要です。

□　支給要件と支給額について、妥当性や公平性、財政的な実現可能性などから十分な検討を行ったか。

□　補助金の場合、地方自治法第232条の2「…公益上必要がある場合においては、寄附又は補助をすることができる。」に抵触しないか。

□　憲法第89条の宗教上の組織等への公金支出制限規定に抵触しないか。

□　財政上の裏付けを十分とっているか。

□　給付手続や還付等の処理について明確に定めているか。

□　いつから適用するといった適用時点が明確か。

ウ　内部的事項に関する条例

条例によらなければならない事項（給与、組織等）について、安易に規則に委ねてはいけません。また、提案権が知事及び議会に専属するものがあるため、十分注意してください。

(4) 条文を書くに当たって

条文を書くときのポイントは、2つあります。

1点目は正確性です。正確な条文とは、意味がはっきりと表現されており、だれが読んでも同じ内容に理解され、解釈にばらつきが生じないような文章のことです。正確さを確保するために気をつける点は次のとおりです。

・　主語と述語をはっきりさせ、ワンセンテンス中の論理構造を明確にし、だれが読んでも同じ内容となるようにする。
・　「○○のような」、「○○に準ずる」等のあいまいな言葉や「きれい」「悪い」のように客観性に欠け、人により受け止め方が異なってしまうような表現は、使わない。
・　明確な定義規定を置いて、解釈上の疑義が生じないようにする。

2点目は分かりやすさです。一般的に法文は分かりにくいといわれます。「懈諒」「水閘」「博戯」「阻塞」等の難解な用語や「第252条の17の2」のような文字を見て、拒否反応を示す人も多いのではないでしょうか。だれも読めない条文は、自己満足にすぎません。次の点に注意して、分かりやすい条文の作成に努めましょう。
・　平易な言葉を用いる。
・　括弧書きについては、三重以上の重括弧は使わず、二重括弧の使用もできる限り避ける。
・　見苦しい孫番号（第○条の△の×といった枝番号の枝番号のこと。）の使用は、避ける。
・　主語の後に、原則として読点を打つ。
・　一文を短くし、場合によっては、数文に分ける（項を設ける。）。

A2　1　正しい。条例・規則を作る際には、必ず立法事実の組み立てと法令との適合性の検討を行わなければなりません。

2　正しい。条例・規則制定で課題を解決していく際には、規制や誘導、行政指導、契約など様々な手法があります。手法の確定の際には、必要性、合理性、効率性、協働性、適法性などの観点から検討を行い、よりよい法的手段を確定しなければなりません。

3　誤り。その事項を規律する国の法律が存在せず、法上の規制が全く空白状態にある分野については、条例で規制することができます。しかし、従来法令の規制があっても、その後その法令が廃止されている場合に、その廃止の趣旨が地域的な規制を許さない趣旨であれば、条例の規制対象とすることはできません。法令に規定がないからといって、何でも規定できるわけではありません。

コ・ラ・ム

要綱と要領

皆さんの職場には要綱、要領や手引きといったものがあると思います。日常の業務ではこれらを基に事務を行っていることでしょう。しかし、これらは事務処理上の手順を書いたものであったり、あくまで行政内部の規範にすぎません。

これらによって住民の権利を制限したり、義務を課したりすることはできないのはもちろんのこと、法的根拠にもなりえません。これらに従った事務処理をしていれば法的に問題はないとは言い切れず、要綱等が法令に違反してないか、よく確認した上で事務を処理することが大切です。

上のコラムに書いてあることは重要です。職場で確認してみてください。

10日目 規定別条文の書き方

最終日は、具体的に条文を書くに当たってのポイントについて学びます。

1 目的規定の書き方

条例、規則等は、それぞれ一定の行政目的を実現するために制定されるのは、前述のとおりですが、その目的（立法目的）を簡潔に表現し、条例全体の解釈及び運用の指針となるものとして最初に目的規定が置かれます。したがって、その表現には慎重な検討が必要であり、反対の意味に取られることのないようにしなければなりません。

なお、形式的又は内容的に簡易な条例、規則等には、目的規定が置かれないこともあります。

目的規定の書き方には、代表的なものとして、次の3つの類型があります。条例、規則等の内容に合わせて適切なものを選択しましょう。

(1) 直接の目的のみを掲げるもの

例　この条例（規則）は、……ことを目的とする。

【東京都水上取締条例】

第１条　この条例は、水上における船舶、舟又はいかだの通航保全と危険防止を図ることを目的とする。

(2) 直接の目的とその達成手段とを掲げるもの

例　この条例（規則）は、……ことにより、……ことを目的とする。

【大気汚染に係る健康障害者に対する医療費の助成に関する条例】

第1条　この条例は、大気汚染の影響を受けると推定される疾病にかかつた者に対し、医療費を助成することにより、その者の健康障害の救済を図ることを目的とする。

（3）直接の目的とその達成手段に加え、更に高い目的を掲げるもの

例 この条例（規則）は、……ことにより、……を図り、もって……ことを目的とする。

【東京における自然の保護と回復に関する条例】

第1条　この条例は、他の法令と相まって、市街地等の緑化、自然地の保護と回復、野生動植物の保護等の施策を推進することにより、東京における自然の保護と回復を図り、もって広く都民が豊かな自然の恵みを享受し、快適な生活を営むことができる環境を確保することを目的とする。

Q1 次の条例の目的規定の誤っているところはどこですか？
またその理由は何ですか？

【○○県青少年健全育成条例】

（目的）

第1条　この条例は、未成年者（満20歳未満のものをいう。以下同じ。）の危害を予防するとともに、その健全な育成を目的とする。

A1

【解答例】

東京都青少年の健全な育成に関する条例

（目的）

第一条　この条例は、青少年の環境の整備を助長するとともに、青少年の福祉を阻害するおそれのある行為を防止し、もつて青少年の健全な育成を図ることを目的とする。

【解答のポイント】

この問題の場合、条例名からおそらく青少年の健やかな育成のためにすることを規定した条例だろうと想像がつきます。しかし、この目的規定を見る限り、「未成年者の危害」という表現が、「未成年者による危害」なのか、「未成年者に対する危害」なのかが不明確です。もちろん立法者は後者の意味のつもりで書いているのでしょうが、前者の意味でとらえられてしまうと、立法者の意思とは全く反対の意味になります。これが目的規定であるだけに他の規定についても方向違いの解釈を引き起こしてしまう危険があります。したがって「未成年者（満20歳未満のものをいう。以下同じ。）に対する危害を予防するとともに、」などというように修正する必要があります。

なお【解答例】の条例で取り上げた東京都の条例の中で、「もつて」という言葉が出てきますが、これは「もって」の「っ」を大きい「つ」で表記しているもので、古くからある条例によく見られます。

2 定義規定・略称規定

その条例、規則等において用いる言葉の意義を明らかにするために規定を設けることがあります。このような規定を**「定義規定」**といいます。また、条例、規則等の文中で長い表現が繰り返し用いられるのを避けるため、その長い表現について略称する規定を設けることで、文言を簡潔にする場合があります。このような規定を**「略称規定」**といいます。

(1) 定義規定

定義規定を設ける場合には、条例、規則等を理解しやすいものにするため、その用語の一般的な意義と著しく異なることがないように留意しつつ、次のような形式で書きます。

ア　定義のための規定を設ける場合

条例、規則等の内容が複雑であり、かつ、当該用語がその条例、規則等において重要な意義がある場合等において、本則の冒頭の部分（第1条や第2条等）に規定します。

この場合、用語の定義は、特に限定した場合を除き、その条例、規則等の全体に及びます（附則及び別表を含み、別記様式を除く。）。

イ　条例、規則等の規定中で括弧を用いて定義する場合

この場合、用語の定義は、その置かれた位置以後（附則及び別表を含み、別記様式を除く。）の用語にのみ及ぶことになります。

なお、定義の及ぶ範囲を特に限定する旨の規定（「……。以下この条において同じ。」等）とすることも可能です。

(2) 略称規定

略称規定を設ける場合には、条例、規則等を理解しやすいものにするため、その内容を端的に示す名称を付さなければならず、かえって分かりにくくなるようでは略称規定の意味がありません。

その他のポイントは、定義規定と同様です。

Q2　**次の定義規定で、規定の仕方が誤っているところはどこですか？　またその理由は何ですか？**

第2条　この条例において「観賞用樹木、草花等」とは、桜、梅、松、イチョウ、その他の観賞用等に価値のあるものをいう。

A2

この設問で問題なのは、「その他の観賞用等に価値のあるもの」という規定の仕方です。これではあまりに漠然としていて、具体的に何を指すのか明確ではありません。「観賞用等」とあるので、食用、薬用、あるいは建築資材として使用できるものなども対象に入ってしまうことになります。しかも、規定をそのまま読めば、「観賞用樹木、草花」＝「観賞用等に価値のあるもの」ということなり、もはや定義としての意味を成しておらず、かえって言葉の意義を無限にしてしまいます。

例えば、あくまで観賞用の樹木を定義したいのであれば、「観賞用」と明示します。定義規定ははっきり書くのが大切です。

【参考】

1　定義規定

(1) 定義のための規定を設ける場合

東京都青少年の健全な育成に関する条例

（定義）

第２条　この条例において、次の各号に掲げる用語の意義は、それぞれ当該各号に定めるところによる。

一　青少年　十八歳未満の者をいう。

二　図書類　販売若しくは頒布又は閲覧若しくは観覧に供する目的をもつて作成された書籍、雑誌、文書、図画、写真、ビデオテープ及びビデオディスク並びにコンピュータ用のプログラム又はデータを記録したシー・ディー・ロムその他の電磁的方法による記録媒体並びに映写用の映画フィルム及びスライドフィルムをいう。

(2) 条例、規則等の規定中で括弧を用いて定義する場合

東京都行政手続条例

（審査基準）

第５条　行政庁は、申請により求められた許認可等をするかどうかをその条例等の定めに従って判断するために必要とされる基準（以下「審査基準」という。）を定めるものとする。

東京都体育施設条例

（使用の承認）

第５条　体育施設の施設及び附属設備(別表に掲げる施設及び附属設備をいう。以下「施設等」という。)を使用しようとする者は、知事の承認を受けなければならない。

3 手数料を定める規定

手数料とは、普通地方公共団体の事務で特定の者のためにするものについて、普通地方公共団体が当該事務の反対給付として徴収する金銭をいいます（地方自治法第227条)。「普通地方公共団体の事務」とは、公権力の行使に当たる事務に限定されるものではなく、事務の性質を問いません（昭和44年2月6日行政実例）。また、「特定の者のためにする」事務とは、一個人の要求に基づき主としてその者の利益のために行う事務の意味であって、専ら地方公共団体自身の行政上の必要のためにする事務については手数料を徴収することができません（昭和24年3月14日行政実例)。

一方、**使用料**とは、行政財産の目的外使用又は公の施設の使用に対し、その使用及び利用の対価として徴収される金銭をいいます。この点で、特定の者への役務の提供に対する反対給付の性格を有する、手数料とは異なります。

手数料や使用料に関する事項については、条例で定めなければなりません。したがって、細目は条例から規則へ委任することが許されますが、そのすべてを規則に委任することは適当ではありません。

手数料・使用料の規定を書くに当たっては、次の点に留意する必要があります。

【徴収する事務を明示すること】

手数料を徴収することとする事務について、その事務を明確に規定する必要があります。

また、申請に係る手数料を定めている場合に、それが審査手数料なのか、証明書等の交付に係る交付手数料なのか不明なときは、申請はしたものの証明書等の交付に至らなかったときにそもそも手数料を徴収すべきなのか等の疑義が生じるので、この点も明確にする必要があります。

【納付義務を負う者を明示すること】

手数料の場合には、だれから手数料を徴収するのかを明示する必要があります。

国又は地方公共団体からは徴収しないのであればその旨を明記する必要がありますし、減額若しくは免除又は徴収の猶予を予定するのであれば対象となる者の範囲、手続等を規定する必要があります。

【金額を明示すること】

手数料等の金額、1件（回）のとらえ方については、条例において明示する必要があります。数人を列挙して、それらの者に対し同一の証明をする場合の数量的取扱いについても、条例に規定しておく必要があります。

また、使用料については、その料額設定を慎重に行い、行政財産又は公の施設につき必要とする経費を賄うのに必要な額を限度として、なるべく安く設定すべきです。

【徴収する時期及び徴収手続を明示すること】

条例に手数料等を徴収する時期を規定することも不可欠です。手数料を前納することを規定しておけば、所定の手数料を納付しない者の申請に対し、地方公共団体の応答義務はないですが、後納主義を採るのであれば、地方公共団体が未収金回収のリスクを負うことになります。

また、既納の手数料の還付の有無も条例で規定する必要があります。徴収手続の細目については、条例の委任に基づき規則で規定することが多いですが、いつ、いかなる様式により、だれがだれに対して申請等を行うのか等を規定することになります。

【過料の対象となる行為を明示すること】

条例で詐欺その他不正な行為に徴収を免れた者について、その徴収を免れた金額の5倍に相当する額（当該5倍に相当する金額が5万円を超えないときは、5万円）以下の過料を科する規定を設けること（地方自治法第228条第3項）ができるとされています。過料を科することとした場合には、過料がその実質において刑罰に類似するものであることから、刑罰規定と同様に、過料の対象となる行為は特に明確に規定する必要があります。

Q3 **次の手数料に関する条文で、規定の仕方が誤っているところはどこですか？　またその理由は何ですか？**

第２条　前条の規定により徴収する手数料（以下「事務手数料」という。）は、次に掲げる事項について徴収する。
　一　資格又は履歴に関する証明
　二　予防接種に関する証明
第３条　事務手数料は、証明、奥書、奥印及び謄本又は抄本の交付については四百円、閲覧については三百円とする。

A3

【解答例】

東京都事務手数料条例

第２条　前条の規定により徴収する手数料（以下「事務手数料」という。）は、次に掲げる事項の申請者から申請の際、これを徴収する。ただし、第４条の証明については、交付の際、これを徴収する。
　一　資格又は履歴に関する証明
第３条　事務手数料は、証明、奥書、奥印及び謄本又は抄本の交付については、一件につき四百円、閲覧については、一回につき三百円とする。
第５条　事務手数料は、国若しくは法第一条の三に規定する地方公共団体又は生活保護法（昭和二十五年法律第百四十四号）の規定により保護を受ける者から申請があるとき、その他知事において特別の理由があると認めるときは、これを減額し、又は免除することができる。
第６条　既納の手数料は、還付しない。ただし、知事が特別の理由があると認めるときは、この限りでない。

【解答のポイント】

この問題の場合、第2条を見る限り、誰が（例えば「申請者が」等）、いつの時点（例えば「申請時」等）で手数料を支払わなくてはならないのかが明確ではありません。したがって、「交付の際、これを徴収する。」というように修正します。また、第3条の「交付については四百円、閲覧については三百円」という規定の仕方では、回数についての基準が明確ではなく、1回の申請であればいくつ証明書を交付しても400円とも読めてしまいます。したがって「交付については1件につき四百円、閲覧については1回につき三百円」というように修正する必要があります。

なお、手数料の減額や免除の規定や、既に納められた手数料の取扱いに関する規定も上記のように定めておく必要があります。

4 義務を課し、権利を制限する規定

条例は、地方地方公共団体において、一定の行政目的を実現するために制定されるものであることは前述のとおりです。その行政目的を実現するためには、様々な手法が用いられますが、その手法として欠くことができないのが、義務を課し、権利を制限する手法です。

地方自治法は、第14条第2項で「普通地方公共団体は、義務を課し、又は権利を制限するには、法令に特別の定めがある場合を除くほか、条例によらなければならない」と規定しています。このため、住民に一定の義務を課し、権利を制限するには、条例で規定することが必要です。

条文を書くに当たっては、次の点に留意する必要があります。

□　必要最小限であるか

行政目的を達成する上で、義務を課し、権利を制限することが必要であるからといって、条例で規定さえすれば、どんなことでもできるというわけではありません。その前提として確保すべき目的が必ずあって、その目的を達成するための最小限の義務でな

ければなりません。

□ 対象者、内容等が明確であるか

義務を課し、権利を制限する規定は、当該規定が施行されると、それ以後については、住民生活に様々な影響を与えることになります。このため、規定するに当たっては、少なくとも次の2点を明らかにしなければなりません。

・義務を課せられる主体・権利を制限される主体（自然人ばかりでなく法人の場合も多い。）
・内容・範囲（どの行為のどの部分が義務・権利の制限であるかを示し、その内容に数量的要素がある場合は、この数量を明示しなければならない。）

上記の2点については、規則に白紙委任することはできません。

このほか、内容によっては、対象となる行為をなすべき期限、相手方、実施する際の手続などを定める必要があります。

Q4 **次の権利を制限する規定で、規定の仕方が誤っているところはどこですか？　またその理由は何ですか？**

屋外広告物条例

（禁止広告物等）

第19条　何人もすべての広告物などを表示し、又は設置してはならない。

【参考】

（目的等）

第１条　この条例は、屋外広告物及び屋外広告業について、屋外広告物法(昭和二十四年法律第百八十九号。以下「法」という。)の規定に基づく規制、都民の創意による自主的な規制その他の必要な事項を定め、もつて良好な景観を形成し、若しくは風致を維持し、又は公衆に対する危害を防止することを目的とする。

A4

【解答例】

東京都屋外広告物条例

（禁止広告物等）

第19条　何人も、形状、規模、色彩、意匠その他表示の方法が景観又は風致を害するおそれのある広告物等を表示し、又は設置してはならない。

【解答のポイント】

この問題の場合、達成しようとしている行政目的は「良好な景観を形成し、若しくは風致を維持し、又は公衆に対する危害を防止すること」ですから、この目的に反するような広告物だけを規制すれば足り、「すべての広告物等」を規制するのは行き過ぎです。

「何人も」という規定の仕方に疑問を持った方もいらっしゃるかもしれませんが、この規定の仕方については、義務を課せられる主体が「何人」つまりすべての人であると明言していますし、どの人が掲げる広告物であっても規制の対象としなければ行政目的が達成されないのであれば、問題はありません。

【参考】

東京都都税条例

（不動産取得税の納税義務者等）

第41条　不動産取得税は、不動産の取得に対し、不動産を取得した時における不動産の価格(法第七十三条の十四又は法附則第十一条の規定の適用がある不動産の取得にあつては、それぞれこれらの規定により算定して得た額)を課税標準として、当該不動産の取得者に課する。

（不動産取得税の税率）

第42条　不動産取得税の税率は、百分の四とする。

5 許可を定める規定

(1) 許可制を定める規定の仕方

住民の活動については自由に行えることが原則とされていますが、すべてを自由とするとかえって市民生活が混乱に陥り、住民の福祉に反することになります。このようなとき行政は、一定事項については特定の資格、要件を持った人に限る等の規制をします。

許可制とは、法律又は条例により一般的には禁止されている行為や事業を、特定の者に限って禁止を解除することです。このため、許可制を定めるに当たっては、公共の福祉のために必要であると判断されても、必要最小限度にとどめる必要があります。例えば、許可制でなく届出制によっても規制の目的が達せられると判断される場合には、より緩やかな規制形態である届出制による必要があります。

地方自治法第14条第2項は、「普通地方公共団体は、義務を課し、又は権利を制限するには、法令に特別の定めがある場合を除くほか、条例によらなければならない。」旨を定めており、独自に許可制を設ける場合には、条例によることとなっています。

許可制を定める規定は、「……しようとする者は、……の許可を受けなければならない。」という形式をとることが一般的です。その条文を書くに当たって留意すべき事項は、おおむね次のとおりです。

ア　一般的禁止事項を明らかにすること

許可制は「一般的禁止の特定の者に対する解除」であるので、一般的に禁止する事項を明確に規定しなければならなりません。

また、その禁止される事項は、公共の福祉のために最小限のものでなければなりません。

イ　許可される行為、許可される者を明らかにすること

一般的禁止の解除の範囲及び許可の対象となりうる者を明示する必要があります。

ウ　許可をする主体を明らかにすること

許可は、行政庁が許可する意思表示をして初めて成立します。このため、許可の権限を有する行政庁は誰かということを明示する必要があります。

Q5　**次の権利を制限する規定で、規定の仕方が誤っているところはどこですか？　またその理由は何ですか？**

屋外広告物条例
第８条　次に掲げる地域又は場所(第六条各号に掲げる地域又は場所を除く。)に広告物を表示し、又は広告物を掲出する物件を設置しようとする者は、許可を受けなければならない。
一　(略)

A5

【解答例】

東京都屋外広告物条例
(許可区域)
第８条　次に掲げる地域又は場所(第六条各号に掲げる地域又は場所を除く。)に広告物を表示し、又は広告物を掲出する物件を設置しようとする者は、知事の許可を受けなければならない。
一　(略)

【解答のポイント】

この問題の場合、一般的に禁止している事項は「次に掲げる地域……に広告物を表示し、又は広告物を掲出する物件を設置」することであり、許可される者はこのことをしようとする者であることが、きちんと規定してあります。しかし、その許可をするのが誰なのか分かりませ

コ・ラ・ム

特許・許可・認可・届出

先にもお話したとおり、すべてを自由とするとかえって市民生活が混乱に陥り、住民の福祉に反することになる場合、行政は「規制」をします。その規制の一つとして許可制があるのですが、その他にも特許、認可、届出など規制の手段はあります。規制の制度を創設するに当たっては、規制する目的が実現できる手段のうち最も規制が緩やかなものを選ばなくてはなりませんが、そのためにはこれらの用語がどのように使われているのか知っておく必要があります。したがって、ここでは、許可、特許、認可、届出について説明します。

【許可】　本来は人が自由に行っても良い行為で行政上の理由から禁止しているものを、特定の場合に限ってその禁止を解除して適法に行うことができるようにする行為をいいます。許可は、本来は人がその行為を行う自由を回復させる行為であるので、許可基準に該当しているにもかかわらず行政側の自由裁量で許可を拒むことはできません。

【特許】　特許は、ある行為を適法に行うことができるようにする行為である点は許可と同じですが、許可と異なるのは、本来人が持っていない特殊な権利や能力を設定するというところにあります。したがって、特許を与えるかどうかは行政側の自由裁量とされています。

ん。「……しようとする者は知事の（市長の）許可を受けなければならない。」と規定します。

(2) 許可手続を定める規定の書き方

許可は、許可を受けようとする人からの「申請」に基づいて与えられるものであることが普通です。したがって、その申請手続を定めておく必要があります。

許可の申請手続に関する規定は、一定の事項を記載した申請書を提出することと、その申請書に添付すべき書類や図面等について定めるのが一般なお、特許に分類されるものであっても、法令上は許可や認可という言葉が使われている場合が多いので、特許に当たるのかどうかについては制度の趣旨などをよく考える必要があります。また、特許法上の特許は、法定の要件を備えた発明であることを確認して公に証明するという意味ですので、ここで説明した特許とは異なります。

【認可】　認可は、第三者の契約や法人の設立などの合同行為などの法律行為に行政の同意を与えることによって、その法律行為を完成させるものです。例えば、医療法第44条の規定では、医療法人を設立する場合には都道府県知事の認可を受けなければならないこととされています。認可を得ない行為は無効です。

なお、認可に分類されるものであっても、法令上は許可や特許の意味で使われている場合がありますので、特許と同じように注意が必要です。

【届出】　事前又は事後に行政側に一定の事項を届け出させるものです。許可のように禁止するまでの規制は必要ありませんが、一定の事項を行政として把握し、また、一定の監督を行う必要がある場合に届出制が用いられます。届出そのものは形式的な要件が満たされていて、それが行政側に到達すれば、届出としては完了です。行政側としては、届出の受理が相手方の意思表示を受け取るということにすぎないので、届出の受理を拒否するということはできません。

的です。申請書の記載事項については、申請者の氏名、住所のほか、許可するかどうかの判断をするために必要な事項が規定されます。具体的に許可手続を定める条文を見てみましょう。

【条文の例】

東京都屋外広告物条例

(許可の申請)

第23条　第八条、第十五条又は第十六条の規定による許可を受けようとする者は、規則で定める申請書(以下「許可申請書」という。)正副二通を知事に提出しなければならない。

東京都屋外広告物条例施行規則

(許可の申請等)

第1条　(略)

2　前項の申請書には、次に掲げる図書を添付しなければならない。ただし、条例第二十七条第二項の規定による場合は第三号に掲げる図書を省略することができる。

一　屋外広告物(以下「広告物」という。)を表示し、又は広告物を掲出する物件(以下「掲出物件」という。)を設置する場所の状況を知り得る図面及び近隣の状況を知り得る図面又はカラー写真(申請前三月以内に撮影したものに限る。以下同じ。)

二　国、地方公共団体又は他人が管理し、又は所有する土地、建築物(建築基準法(昭和二十五年法律第二百一号)第二条第一号に規定する建築物をいう。以下同じ。)、工作物等に広告物又は掲出物件(以下「広告物等」という。)を表示し、又は設置する場合においては、その表示又は設置についての許可又は承諾を証明する書面

三　形状、寸法、材料、構造、意匠等に関する仕様書及び図面

※この条例の場合は、申請書の内容の細かな点を条例から規則に委任しています。

6 給付に関する規定

(1) 給付に関する規定の書き方

少子化に歯止めをかけるため子育てをしている世帯に金銭を支給するとか、地球温暖化防止のため生ごみ処理機の購入費をの一部を補助するなどというように、行政目的を達成するために、市民に金銭などを支給したりすることはよくあります。このような給付に関する規定も条例の中には数多くあります。

給付に係る規定のうち、その性質上、権利・義務の法律関係を発生させ

るものである場合は、条例で定めるところにより、所定の支給要件を満たす者は一定の給付を受けることができる地位（権利）を取得し、地方公共団体は支給する義務を負うことになります。したがって、このような場合は次の点に注意して規定しなければなりません。

ア　だれに（支給対象者）、どのような場合に（支給要件）、いくら支給するか（給付額）等を明確にし、疑義が生じたり、訴訟が起きないよう細心の注意を払って規定すること。
イ　支給要件や支給額については妥当性や公平性、財政的に実現が可能かという点などから十分な検討を行うこと。
ウ　いつから適用するかといった適用時点を明確にすること。

給付に係る規定であっても、補助金や奨励金の類の交付を目的とするものは、その性質上、支給要件を定めるというよりも、一定の補助金や奨励金の類を支出することができる根拠を法定するという意味合いが強いものです。規定も「知事（市長）は○○に対し△△補助金を交付することができる。」という書き方が一般的です。

Q6　**次の給付に関する規定で、規定の仕方が誤っているところはどこですか？　またその理由は何ですか？**

東京都原子爆弾被爆者等の援護に関する条例
（介護手当）
第４条　介護手当は、障害により介護を要する状態にあり、かつ、介護を受けている被爆者に対し、次の各号のいずれかを支給する。
一　介護に要する費用を支出して介護を受けた場合　一般介護手当
二　規則で定める家族等により介護を受けた場合　家族介護手当

A6

【解答例】

東京都原子爆弾被爆者等の援護に関する条例

(介護手当)

第4条　介護手当は、東京都規則(以下「規則」という。)で定める障害(原子爆弾の傷害作用の影響によるものでないことが明らかであるものを除く。)により介護を要する状態にあり、かつ、介護を受けている被爆者に対し、次の各号のいずれかを支給する。

一　介護に要する費用を支出して介護を受けた場合　一般介護手当

二　規則で定める家族等により介護を受けた場合　家族介護手当

2　前項の規定にかかわらず、介護手当の支給を受けようとする者が、規則の定める施設に入所している時は、介護手当は、支給しない。

3　介護手当は、月を単位として支給するものとし、その額は、次の各号の区分に従い、当該各号に掲げる額とする。ただし、原子爆弾被爆者援護法第三十一条の規定により介護手当を受けている者については、その支給された額を控除した額とする。

一　一般介護手当

千円にその月において介護に要する費用を支出して介護を受けた日数を乗じて得た額(その額が二万円を超えるときは、二万円)に原子爆弾被爆者に対する援護に関する法律施行令(平成七年政令第二十六号。以下「原子爆弾被爆者援護法施行令」という。)第十八条第一項又は第二項第一号の規定により算出した額を加えた額。ただし、その額が介護に要する費用として現に支出された費用の額(以下「実支出額」という。)を超える場合(同号の規定により算出した額が、実支出額を超える場合を除く。)は、実支出額とする。

二　家族介護手当

一万七千五百円に原子爆弾被爆者援護法施行令第十八条第二項第二号に定める額を加えた額

【解答のポイント】

この問題は、支給対象者の規定の仕方がこれで十分かという点が論点です。「障害により介護を要する状態にあり、」という規定では、どの程度の障害なのか、障害の原因は問わないのか、さまざまな疑義が生じてしまいます。したがって、「東京都規則(以下「規則」という。)で定める障害(原子爆弾の傷害作用の影響によるものでないことが明らかであるものを除く。)により」というように規定します。(この例では、障害の程度は規則に規定するように規定されています。) また支給しない場合はどのような場合か（第2項)、支給額はいくらになるか（第3項)ということもしっかり規定しておく必要があります。

(2) 給付の手続等を定める規定の書き方

給付事業をどのように行っていくか想定しながら、申請手続、支給期間、支払期日、受給資格の消滅や給付した金銭の返還手続等を規定します。

具体的に条文の例を見てみましょう。

【条文の例】

東京都重度心身障害者手当条例

(受給資格の認定)

第四条　手当の支給を受けようとする者は、知事に申請し、受給資格の認定を受けなければならない。

(判定)

第五条　前条の認定を受けようとする者は、規則の定めるところにより、別表に定める程度の重度の障害の状態にあるか否かについて、東京都心身障害者福祉センター条例(昭和四十三年東京都条例第十七号)により設置された東京都心身障害者福祉センターの長の判定(以下「判定」という。)を受けなければならない。

2　(略)

(支給期間等)

第六条　手当は、第四条の規定による認定の申請をした日の属する月から手当を支給すべき事由の消滅した日の属する月まで支給する。

2　（略）

3　手当は、月ごとに、前月分を支給する。ただし、第四条の規定による認定の申請のあつた日の属する月から、当該申請にかかる認定をした日の属する月までの分の手当は、当該認定をした日の属する月の翌月に支給する。

（受給資格の消滅）

第七条　受給資格は、受給者が次の各号のいずれかに該当するときは、消滅する。

一　死亡したとき。

二　第二条に規定する支給要件を備えなくなつたとき。

三　手当の支給を辞退したとき。

（手当の返還）

第八条　偽りその他不正の手段により手当の支給を受けた者があるときは、知事は、当該手当をその者から返還させることができる。

7　罰則に関する規定

（1）意義

ア　罰則

罰則とは、法令上の義務違反があった場合に、その違反者に対し、刑罰又は過料を科すべき旨を定めた規定です。

地方自治法第14条第3項は、「普通地方公共団体は、法令に特別の定めがあるものを除くほか、その条例中に、条例に違反した者に対し、2年以下の懲役若しくは禁錮、100万円以下の罰金、拘留、科料若しくは没収の刑又は5万円以下の過料を科する旨の規定を設けることができる。」と規定し、条例の実効性を確保するため、条例に罰則を設けることが認められています。

行政上の義務違反に対して科される罰則には、刑法に刑名のある罰（死刑、懲役、禁錮、罰金、拘留、科料及び没収）である行政刑罰と、刑法に刑名のない罰（過料）である秩序罰があります。

イ　罰則の制約及び限界等

地方自治法第14条第3項において条例で罰則が定めることができるとされていても、制約及び限界等があります。

まず、条例で設けることができるのは、「2年以下の懲役若しくは禁錮、100万円以下の罰金、拘留、科料若しくは没収の刑又は5万円以下の過料」を科す旨の規定であり、原則として、これらの限度を超える罰則を条例で規定することはできません。

次に、「法令に特別の定めがあるものを除くほか」とされているので、法令が罰則を設けることを禁止し、又は制限することを規定している場合には、それに違反して条例で罰則を設けることはできません。例えば、法律で「条例には、罰金又は過料のみを科する規定を設けることができる」とされている場合は、その条例には、罰金又は過料以外の罰則を設けることはできません。

ウ　両罰規定

両罰規定は、現実に違法行為を行った自然人を罰するほか、事業主である法人又は個人を処罰するものであり、現実に違法行為を行った者に対する事業主の選任・監督上の過失を推定する趣旨であるとされています。両罰規定は、違法行為を行った個人を罰するだけでは足りず、事業主自体を処罰する必要がある場合に設けられます。

(2) 条文を書くに当たってのポイント

ア　罰則規定の内容

(ア) 罰則を規定することが許されるか

自然犯的行為に対し、罰則を規定しようとするときは、地域的特殊事情により規制すべき必要が本当に存在するか、法令との矛盾や抵触はないかを十分に検討する必要があります。また、罰則は、義務を守らせることを担保するための厳しい制裁ですから、他の手段によって十分に義務が守られる場合には用いるべきではありません。条例の目的及び条例上の義務規定の内容等を検討し、罰則の存在が必要不可欠であると積極的に判断されることが必要です。

(イ) 構成要件は明確に規定すること

どのような行為に対して罰則が適用されるのかが明確に規定されていなければならなりません（構成要件の明確性）。だれの、どんな行為に対し、いつ犯罪が成立するのかを明確にする必要があります。とりわけ行政取締罰則については、義務違反に対して罰則を適用するという構造になるので、義務を課す規定も構成要件の一部となり、だれに、いかなる義務を課しているのかを明確にする必要があります。

(ウ) どのような刑を規定するか

類似行為に対する法律の規定等を参考としつつ、行われた行為とそれに対して適用される罰則の均衡が図られるように、刑罰の種類又は過料を選択します。義務違反の態様が単に社会の秩序を乱す程度にとどまる場合には、秩序罰としての過料にとどめるべきでしょう。

イ　罰則を設ける位置

罰則は、一般に本則（条例等の本体の部分。附則より前の部分）の最後に規定されます。本則が「第○章」とか「第○節」等というように区分されているときは、雑則の章の次に罰則の章を設けます。本則が章や節等に区分されていないときは、本則の末尾に規定します。

ウ　罰則規定の順序

罰則は、まず、法定刑の同じ罪ごとに条又は項を分け、その重いものから順に配置します。同一の条・項の中にあっては、引用する条・項の若いものから順に規定していくことになります。両罰規定を設ける場合は、当該両罰規定に係る行為者に対する罰則の直後に規定します。また、過料の規定を設ける場合は、罰金等の刑罰の後に規定します。

Q7 次の罰則に関する条文で、規定の仕方が誤っているところはどこですか？　またその理由は何ですか？

(罰則)
第二十六条の二　次の各号の一に該当する者は、百二十万円以下の罰金に処する。
一　第十三条の三第三項若しくは第四項の規定に違反して、届出をせず、又は虚偽の届出をした者
二　前号に類する行為を行った者

A7

この問題の場合、罰金の額が「120万円以下」となっており、地方自治法が定める限度を超えているので、この部分は100万円以下で設定した規定にしなければなりません。また、第2号の「前号に類する行為」という規定の仕方では、どのような行為が類する行為なのかが明確ではないため、「類する行為」として想定される行為があるのであれば、それを具体的に規定しなければなりませんし、ただ単に類する行為を全般的に罰則をかけるという規定の仕方はできません。

【参考】
性風俗営業等に係る不当な勧誘、料金の取立て等及び性関連禁止営業への場所の提供の規制に関する条例（平成12年東京都条例第196号）
(罰則)
第十一条　(略)
2　次の各号の一に該当する者は、六月以下の懲役又は五十万円以下の罰金に処する。
一　第二条の四又は第二条の十第四項の規定による公安委員会の命令に違反した者

コ・ラ・ム

公表

罰則と似ている制度として「公表」があります。公表とは、条例上の義務に違反したり、行政指導に従わなかったりした者の氏名等を社会に知らしめる制度です。

公表には、義務を守らせるために行う公表と、一般市民への情報提供として行う公表があります。

義務を守らせるための公表については、罰則と同じような制裁的な意味合いを持つ限りで、法令の根拠が必要であると考えられます。

一方、一般市民への情報提供として行う公表については、必ずしも法令の根拠が必要ではないと考えられます。しかし、公表された側の社会的評価を下げることになりますから、目的（公表することで誰の利益が守れるか）や手段（公表よりも侵害の程度が緩やかな方法はないのか）などが相当でなければ、裁判になったときに違法と判断されることも考えられます。

公表規定を設けるかどうかは、公表する内容の重要性、公表する必要性、他の制度とのバランス等を検討し、慎重に判断する必要があります。　また、行政手続法やみなさんの自治体の行政手続条例で不利益な処分をすると

二　第三条の規定に違反して、営業に係る料金について実際のものよりも著しく低廉であると誤認させるような事項を表示し、又は同条第二号に掲げる事項について不実のことを表示した者
三　第四条の規定に違反した者

きに相手に意見を述べさせる場を提供する手続を設けていると思いますが、実際に公表規定を設ける際には、このような意見を述べさせる場を提供する手続を定めておく必要があります。

例えば、都民の健康と安全を確保する環境に関する条例では、勧告又は命令の違反者の公表を規定していますが、公表に先立って当該違反者に意見陳述等の機会を付与するという事前手続が規定されています。

都民の健康と安全を確保する環境に関する条例（抄）

（違反者の公表）

第156条　知事は、第五条の六第一項、第八条の四第一項、第九条第一項若しくは第二項、第九条の七、第十七条、第十七条の二十三第一項、第二十五条、第二十五条の八、第三十二条、第三十六条、第四十条、第四十八条又は第五十六条の規定による勧告を受けた者が、正当な理由なく当該勧告に従わなかったときは、その旨を公表することができる。

2　（略）

3　（略）

4　知事は、前三項の公表をしようとする場合は、当該勧告又は命令を受けた者に対し、意見を述べ、証拠を提示する機会を与えるものとする。

●第3部の参考図書

『地方公共団体改革4 政策法務の新展開』礒崎初仁編著（ぎょうせい）
『政策法務研修テキスト』北村喜宣　礒崎初仁　山口道昭編著（第一法規）
『地方公共団体法務入門』木佐茂男　田中孝男編著（ぎょうせい）
『政策法務の基礎知識』幸田雅治、安念潤司、生沼裕編著（第一法規）
『最新 法令の読解法』田島信威編著（ぎょうせい）
『判例とその読み方』中野次雄編（有斐閣）
『新訂ワークブック法制執務』法制執務研究会編（第一法規）
『自治立法実務のための法制執務詳解』石毛正純著（ぎょうせい）
『東京都文書事務の手引』東京都総務局総務部文書課 編集・発行

10日間お疲れ様でした。これで文書の基礎的な知識は身についたよ！その知識を今後の仕事に生かしていってくださいね！

参考資料

常用漢字表（本表略）

文部省　用字用語例

文部省　公用文　送り仮名用例集

常用漢字表

〇内閣訓令第１号

各行政機関

「常用漢字表」の実施について

政府は、本日内閣告示第1号をもって、「常用漢字表」を告示した。

今後、各行政機関においては、この表を現代の国語を書き表すための漢字使用の目安とするものとする。

なお、昭和21年内閣訓令第7号、昭和23年内閣訓令第1号、昭和24年内閣訓令第1号、昭和26年内閣訓令第1号、昭和48年内閣訓令第1号及び昭和51年内閣訓令第1号は、廃止する。

昭和56年10月1日

内閣総理大臣　鈴木　善幸

〇内閣告示第１号

一般の社会生活において現代の国語を書き表すための漢字使用の目安を、次の表のように定める。

なお、昭和21年内閣告示第32号、昭和23年内閣告示第1号、昭和24年内閣告示第1号、昭和26年内閣告示第1号、昭和48年内閣告示第1号及び昭和51年内閣告示第1号は、廃止する。

昭和56年10月1日

内閣総理大臣　鈴木　善幸

常用漢字表

前書き

1　この表は、法令、公用文書、新聞、雑誌、放送など、一般の社会生活において、現代の国語を書き表す場合の漢字使用の目安を示すものである。

2　この表は、科学、技術、芸術その他の各種専門分野や個々人の表記にまで及ぼそうとするものではない。

3　この表は、固有名詞を対象とするものではない。

4　この表は、過去の著作や文書における漢字使用を否定するものではない。

5　この表の運用に当たっては、個々の事情に応じて適切な考慮を加える余地のあるものである。

表の見方及び使い方

1　この表は、「本表」及び「付表」から成る。

2　「本表」には、字種1945字を掲げ、字体、音訓、語例等を併せ示した。

3　漢字欄には、字種と字体を示した。字種は字音によって五十音順に並べた。同音の場合はおおむね字画の少ないものを先にした。字音を取り上げていないものは字訓によった。

4　字体は文字の骨組みであるが、便宜上、明朝体活字のうちの一種を例に用いて現代の通用字体を示した（「(付) 字体についての解説」参照)。

5　括弧に入れて添えたものは、いわゆる康熙《き》字典体の活字である。これは明治以来行われてきた活字の字体とのつながりを示すために添えたものであるが、著しい差異のないものは省いた。

6　音訓欄には、音訓を示した。字音は片仮名で、字訓は平仮名で示した。一字下げで示した音訓は、特別なもの又は用法のごく狭いものである。

7　派生の関係にあって同じ漢字を使用する習慣のある次のような類は、適宜、音訓欄又は例欄に主なものを示した。

けむる	煙る	わける	分ける
けむり	煙	わかれる	分かれる
けむい	煙い、煙たい、煙たがる	わかる	分かる
		わかつ	分かつ

なお、次のような類は、名詞としてだけ用いるものである。

しるし	印	こおり	氷

8　例欄には、語例を示した。これは、音訓使用の目安としてその使用例の一部を示したものである。

9　例欄のうち、副詞的用法又は接続詞的用法として使うものであって紛らわしいものには、特に〔副〕又は〔接〕という記号を付けた。

10　他の字又は語と結び付く場合に音韻上の変化を起こす次のような類は、音訓欄又は備考欄に示しておいたが、すべての例を尽くしているわけではない。

納得（ナットク）　　格子（コウシ）
手綱（タヅナ）　　金物（カナモノ）
音頭（オンド）　　夫婦（フウフ）

順応（ジュンノウ）　　　　因縁（インネン）

春雨（ハルサメ）

11　備考欄には、個々の音訓の使用に当たって留意すべき事項を記したほか、異字同訓のあるものを適宜⟷で示し、また、付表にある語でその漢字を含んでいるものを注記した。

12　「付表」には、いわゆる当て字や熟字訓など、主として一字一字の音訓として挙げにくいものを語の形で掲げ、便宜上、その読み方を平仮名で示し、五十音順に並べた。

（付）字体についての解説

第１　明朝体活字のデザインについて

常用漢字表では、個々の漢字の字体（文字の骨組み）を、明朝体活字のうちの一種を例に用いて示した。現在、一般に使用されている各種の明朝体活字（写真植字を含む。）には、同じ字でありながら、微細なところで形の相違の見られるものがある。しかし、それらの相違は、いずれも活字設計上の表現の差、すなわち、デザインの違いに属する事柄であって、字体の違いではないと考えられるものである。つまり、それらの相違は、字体の上からは全く問題にする必要のないものである。以下、分類して例を示す。

1　へんとつくり等の組合せ方について

⑴　大小、高低などに関する例

硬 硬　吸 吸

⑵　はなれているか、接触しているかに関する例

睡 睡　異 異

2　点画の組合せ方について

⑴　長短に関する例

雪 雪 雪　満 満　無 無　斎 斎

(2) つけるか、はなすかに関する例

発 発　備 備　奔 奔

空 空　湿 湿　吹 吹

(3) 接触の位置に関する例

岸 岸　家 家　脈 脈 脈

蚕 蚕　印 印

(4) 交わるか、交わらないかに関する例

聴 聴　非 非　祭 祭

存 存　孝 孝　射 射

(5) その他

芽 芽 芽　夢 夢 夢

3　点画の性質について

(1) 点か、棒（画）かに関する例

帰 帰　班 班　均 均　麗 麗

(2) 傾斜、方向に関する例

考 考　値 値　望 望

(3) 曲げ方、折り方に関する例

勢 勢　競 競　頑 頑 頑　災 災

(4)「筆押さえ」等の有無に関する例

芝 芝　更 更

八 八 八　公 公 公　雲 雲

⑸ とめるか、はらうかに関する例

環 環　泰 泰　談 談

医 医　継 継　園 園

⑹ とめるか、ぬくかに関する例

耳 耳　邦 邦　街 街

⑺ はねるか、とめるかに関する例

四 四　配 配　換 換　湾 湾

第2　明朝体活字と筆写の楷書との関係について

常用漢字表では、個々の漢字の字体（文字の骨組み）を、明朝体活字のうちの一種を例に用いて示した。このことは、これによって筆写の楷《かい》書における書き方の習慣を改めようとするものではない。字体としては同じであっても、明朝体活字（写真植字を含む。）の形と筆写の楷書の形との間には、いろいろな点で違いがある。それらは、印刷上と手書き上のそれぞれの習慣の相違に基づく表現の差と見るべきものである。以下、分類して例を示す。

1　明朝体活字に特徴的な表現の仕方があるもの

⑴ 折り方に関する例

衣―衣　去―去　玄―玄

⑵ 点画の組合せ方について

人―人　家―家　北―北

⑶「筆押さえ」等に関する例

芝―芝　史―史

入―入　八―八

(4) 曲直に関する例

子 ― 子　手 ― 手　了 ― 了

(5) その他

辶 ― 辶　⺮ ― ⺮　心 ― 心

2　筆写の楷書では、いろいろな書き方があるもの

(1) 長短に関する例

雨 ― 雨 雨　戸 ― 戸 戸 戸

無 ― 無 無

(2) 方向に関する例

風 ― 風 風　比 ― 比 比

仰 ― 仰 仰

糸 ― 糸 糸　ネ ― ネ ネ　衤 ― 衤

主 ― 主 主　言 ― 言 言 言

年 ― 年 年 年

(3) つけるか、はなすかに関する例

又 ― 又 又　文 ― 文 文

月 ― 月 月

条 ― 条 条　保 ― 保 保

(4) はらうか、とめるかに関する例

奥 — 奥 奥　公 — 公 公

角 — 角 角　骨 — 骨 骨

(5) はねるか、とめるかに関する例

切 — 切 切 切　改 — 改 改 改

酒 — 酒 酒　陸 — 陸 陸 陸

穴 — 穴 穴 穴

木 — 木 木　来 — 来 来

糸 — 糸 糸　牛 — 牛 牛

環 — 環 環

(6) その他

令 — 令 令　外 — 外 外 外

女 — 女 女

本表（略）

付　　表

あす	明日
あずき	小豆
あま	海女
いおう	硫黄
いくじ	意気地
いちげんこじ	一言居士
いなか	田舎
いぶき	息吹
うなばら	海原
うば	乳母
うわき	浮気
うわつく	浮つく
えがお	笑顔
おかあさん	お母さん
おじ	叔父
	伯父
おとうさん	お父さん
おとな	大人
おとめ	乙女
おば	叔母
	伯母
おまわりさん	お巡りさん
おみき	お神酒
おもや	母屋
	母家
かぐら	神楽
かし	河岸
かぜ	風邪
かな	仮名
かや	蚊帳
かわせ	為替
かわら	河原
	川原
きのう	昨日
きょう	今日
くだもの	果物
くろうと	玄人
けさ	今朝
けしき	景色
ここち	心地
ことし	今年
さおとめ	早乙女
ざこ	雑魚
さじき	桟敷
さしつかえる	差し支える
さつきばれ	五月晴れ
さなえ	早苗
さみだれ	五月雨
しぐれ	時雨
しない	竹刀
しばふ	芝生
しみず	清水
しゃみせん	三味線
じゃり	砂利
じゅず	数珠
じょうず	上手
しらが	白髪
しろうと	素人

しわす	師走
（しはす」とも言う。）	
すきや	数寄屋 数奇屋
すもう	相撲
ぞうり	草履
だし	山車
たち	太刀
たちのく	立ち退く
たなばた	七夕
たび	足袋
ちご	稚児
ついたち	一日
つきやま	築山
つゆ	梅雨
でこぼこ	凸凹
てつだう	手伝う
てんません	伝馬船
とあみ	投網
とえはたえ	十重二十重
どきょう	読経
とけい	時計
ともだち	友達
なこうど	仲人
なごり	名残
なだれ	雪崩
にいさん	兄さん
ねえさん	姉さん
のら	野良
のりと	祝詞

はかせ	博士
はたち	二十 二十歳
はつか	二十日
はとば	波止場
ひとり	一人
ひより	日和
ふたり	二人
ふつか	二日
ふぶき	吹雪
へた	下手
へや	部屋
まいご	迷子
まっか	真っ赤
まっさお	真っ青
みやげ	土産
むすこ	息子
めがね	眼鏡
もさ	猛者
もみじ	紅葉
もめん	木綿
もより	最寄り
やおちょう	八百長
やおや	八百屋
やまと	大和＝（大和絵 大和魂等）
ゆかた	浴衣
ゆくえ	行方
よせ	寄席
わこうど	若人

文部省　用字用語例

注：この「文部省　用字用語例」（昭和56年12月改定）は、文部省内の文書担当者の会議を経て決定を見、文部省で公用文を作成する上での参考にするため、大臣官房総務課から省内に配布したものである。

前書き

1　この「文部省用字用語例」は、文部省で公用文を作成する上での参考にするため、「常用漢字表」（昭和56年10月１日内閣告示第１号）、「「常用漢字表」の実施について」（昭和56年10月１日内閣訓令第１号）及び「公用文における漢字使用等について」（昭和56年10月１日事務次官等会議申合せ）に基づき、一般に留意を要する用字用語の標準を示したものである。

2　この「文部省用字用語例」の構成は、次のとおりである。

(1)「見出し」の欄……一般に留意を要する語句を、五十音順、平仮名書きで示した。ただし、外来語は片仮名書きで示した。

(2)「表外漢字・表外音訓等」の欄……「見出し」の欄に掲げた各語句について、表外漢字・表外音訓を含め、広く漢字を用いて書き表した場合を参考のために示した。

ただし、「書き表し方」の欄と同じになるものは省略した。

なお、「表外漢字」及び「表外音訓」とは「常用漢字表」に掲げられていない漢字及び音訓を指すものであり、前者は▲印、後者は△印を付して示した。

(3)「書き表し方」の欄……「見出し」の欄に掲げた各語句について標準的な書き方を示した。

(4)「備考」の欄……具体的な使用例、他の語句への言い換えの例及び関連のある語等を適宜示した。言い換えの語句には〔　〕を付して区別した。

3　この「文部省用字用語例」に示したもののほか、文部省の公用文における漢字の使い方は、「常用漢字表」に掲げられている漢字に関しては、「公用文における漢字使用等について」の記の「1　漢字使用について」及び「3　その他」によるものとする。

なお、「書き表し方」の欄に示した各語句の書き方のほかに、特別な漢字使用等を必要とする場合には、表外漢字を使用しても差し支えない（その語が読みにくいと思われるような場合は．振り仮名を付けるなど、適切な配慮をすること。）。また、漢字書きで示した語についても、場合によっては、仮名書きにしても差し支えない。

4　文部省の公用文における送り仮名の付け方については、「文部省公用文送り仮名用例集」による。

見出し	表外漢字・表外音訓等	書き表し方	備　　考
〔あ〕			
あいさつ	挨拶	あいさつ	
あいだがら		間柄	
あいにく	生憎	あいにく	
あいまい	曖昧	あいまい	〔不確実〕
あいまって	相俟って	あいまって	
あいろ	隘路		〔支障、困難、障害〕
あう		合う	計算が合う
		会う	客と会う
		遭う	災難に遭う
あえて	敢て	あえて	あえて…する、あえて注意する
あかす		飽かす	暇に飽かして
あくまで	飽く迄	飽くまで	飽くまで闘う
あくる		明くる	明くる日
あげく		挙げ句	…した挙げ句
あける		明ける	夜が明ける
		空ける	時間を空ける、席が空く
		開ける	窓を開ける、幕が開く
あげる		上げる	品物を上げる、物価が上がる
		揚げる	船荷を揚げる、歓声が揚がる
		挙げる	一例を挙げると、国を挙げて
		…（て）あげる	図書を貸してあげる
あずかる	与る	あずかる	相談にあずかる
あたかも	恰も	あたかも	

見出し	表外漢字・表外音訓等	書き表し方	備　　考
あたり		辺り	辺り一面
あたりまえ		当たり前	
あたる		当たる	予報が当たる、…に当たり、…に当たって
あちら	彼方	あちら	
あっせん	斡旋	あっせん	〔周旋、世話〕
あつらえる	誂える	あつらえる	
あて	宛	あて	各学校あて、あて名、あて先
あてる		当てる	日光に当てる、当て外れ
		充てる	保安要員に充てる
あと		後	後で…する、後で読む
		跡	苦心の跡が見える、跡目を継ぐ
あながち	強ち	あながち	
あなた	貴方	あなた	
あまつさえ	剰え	あまつさえ	
あまねく	遍く、普く	あまねく	
あまり		余り	余りが出る、余り良くない …した余り、余りに（も）…
あやまつ		過つ	過って…する、過ちを犯す
あやまる		誤る	適用を誤る
		謝る	不行き届きを謝る
あらかじめ	予め	あらかじめ	あらかじめ準備をしておく
あらず	非ず	あらず	
あらためて		改めて	改めて…する、改めて検討する
あらゆる	凡ゆる、所有	あらゆる	
あらわす		表す	言葉に表す
		現す	姿を現す
		著す	書物を著す
あらわれる		表れる	喜びの表れ
		現れる	太陽が現れる
ありか	在り処	在りか	
ありかた		在り方	
ありがたい		有り難い	有り難がる、有り難み

見出し	表外漢字・表外音訓等	書き表し方	備　　考
ありがとう	有り難う	ありがとう	どうもありがとう、ありがとうございます
ある（連体詞）	或	ある	ある日
ある（動詞）	有る、在る	ある	その点に問題がある、財源が有る、有り・無し、有り金、日本はアジアの東に在る
		…（て）ある	書いてある
あるいは	或は	あるいは	
あわせて（副詞）		併せて	併せてお願いする
あわせて（接続詞）		あわせて	あわせて、…
あわせる		合わせる	力を合わせる、時計を合わせる
		併せる	二つの町を併せる
あわれ		哀れ	哀れがる
〔い〕			
いう	云う	言う	彼の言うこと
		…いう	…という場合、そういうこと
いえがら		家柄	
いえども	雖も	いえども	〔…でも、…であっても〕
いえもと		家元	
いかなる	如何なる	いかなる	いかなる場合にも…
いかん	如何	いかん	いかんともし難い
いきおい		勢い	勢いが悪い、勢い…する
いく		行く	学校へ行く
		…（て）いく	実施していく
いくつ		幾つ	
いくら		幾ら	全部で幾らか、幾ら考えても
いけない	不可い	いけない	
いささか	些か、聊か	いささか	〔少し、わずか〕
いしょく		委嘱	
いす	椅子	いす	
いずれ	何れ、孰れ	いずれ	〔どちらの、どの、どんな〕
いだく	懐く	抱く	
いたす		致す	致し方ない、繁栄を致した原因

見出し	表外漢字・表外音訓等	書き表し方	備　　考
		…いたす	御案内いたします
いだす	△出す	いだす	見いだす
いたずら	△徒	いたずら	いたずらに時間を費やす
いただく		頂く	御返事を頂きたい
		…（て）いただく	報告していただく
いたって		至って	至って…である
いたむ		痛む	腰が痛む
		傷む	家が傷む、傷んだ果物
		悼む	友の死を悼む
いたる	△到る	至る	東京に至る、至る所に
いちじ		一時	一時の出来心、一時金
いちず	一△途	いちず	いちずに思い詰める
いちばん		一番	一番で入賞した、一番下
いちょう	移▲牒		〔移達〕
いつ	△何△時	いつ	
いっこう		一向	一向に差し支えない
いっさい		一切	一切関知しない
いっしょ		一緒	一緒に行く
いっせい		一斉	一斉検査、一斉に出掛ける
いっそう		一層	一層の努力
いったん	一▲旦	いったん	いったん休憩する
いっぱい		一杯	コップ一杯の水、○月一杯に
いっぺんに		一遍に	一遍に…する
いまさら		今更	
いまだ	△未だ	いまだ	〔まだ〕
いやしくも	▲苟も	いやしくも	
いよいよ	▲愈	いよいよ	
いよく	意▲慾	意欲	
いる		入る	気に入る、手に入れる
		要る	保証人が要る
	居る	いる	ここに関係者がいる、…している、居所、居場所
いろいろ	色々、△種々	いろいろ	〔種々《しゅじゅ》〕

見出し	表外漢字・表外音訓等	書き表し方	備　　考
いわば	謂ば	言わば	
いわゆる	所謂	いわゆる	
いわんや	況や	いわんや	〔いうまでもなく〕
〔う〕			
うえ		上	作成する上で参考にする
うかがいさだめ		伺い定め	
うける		受ける	注文を受ける、命令を受ける
		請ける	請け負う、請け書
うしろ		後ろ	後ろ姿
うたう	謳う	うたう	条文にうたってある
うち		内	部屋の内
	中	うち	そのうち、…のうち、知らないうちに
うちわけ		内訳	
うやうやしい		恭しい	
うる		得る	得るところ、…（し）得る
うろ	迂路		〔回り道〕
うんぬん	云々	うんぬん	〔かくかく、しかじか〕
〔え〕			
える		得る	許可を得る、やむを得ない
〔お〕			
お（接頭語）	御…	お…	お礼、お願いします
おいて	於て	おいて	…において、…における
おおいに		大いに	大いに利用する
おおかた		大方	大方の意見、大方まとまる
おおきな		大きな	
おおぜい		大勢	
おおむね	概ね	おおむね	〔概して〕
おおよそ	大凡	おおよそ	おおよそ２か月くらい
おかげ	お蔭	おかげ	おかげで…
おかす		犯す	過ちを犯す、法を犯す
		侵す	権利を侵す
		冒す	危険を冒す

見出し	表外漢字・表外音訓等	書き表し方	備　　考
おく		置く	物を置く、役員を置く
		…（て）おく	通知しておく
おくれる		遅れる	会合に遅れる
		後れる	人に後れを取る、気後れする
おこす		起こす	訴訟を起こす
		興す	産業を興す
おこなう		行う	調査を行った
おさえる		押さえる	証拠を押さえる
		抑える	物価の上昇を抑える
おさめる		収める	目録に収める
		納める	注文の品を納める
		治める	領地を治める
		修める	学を修める
おす	捺す	押す	印を押す
		推す	会長に推す
おそい	晩い	遅い	
おそらく		恐らく	
おそれ	虞	おそれ	…のおそれがある
おって（副詞）		追って	…については追って知らせる
おって（接続詞）	追而	おって	おって、日時は…
おとさた	音沙汰	音さた	〔便り、音信〕
おとな		大人	
おのおの		各、各々	
おのずから	自ら	おのずから	おのずから理解できる
おびただしい	夥しい	おびただしい	
おぼしめし	思召し	おぼしめし	
おぼつかない	覚束ない	おぼつかない	
おもしろい		面白い	
おもに		主に	
おもむき		趣	
おもむく		赴く	任地に赴く
おもむろに	徐ろに	おもむろに	
おもわく	思惑	思わく	

見出し	表外漢字・表外音訓等	書き表し方	備　　考
およそ	△凡そ	およそ	
および（接続詞）		及び	Ａ及びＢ
おり		折	その折
おりから	折△柄	折から	
おる	△居る	おる	…しております
おろか		愚か	愚かなこと
	△疎か	…（は）おろか	財産はおろか命までも
おろそか	△疎か	おろそか	練習をおろそかにする
おわり	△了	終わり	
〔か〕			
か	ケ	か	３か月（年、所、条）
		箇	何箇月（年、所、条）、二、三箇所
かい	△甲▲斐	かい	…したかいがあって
がいして		概して	概して良好である
かいそう	回▲漕、▲廻送	回送	
かえって	△却って	かえって	かえって不便になる
かえりみる		顧みる	過去を顧みる
		省みる	自らを省みる
かえる		変える	観点を変える
		換える	名義を書き換える
		替える	振り替える、替え地
		代える	書面をもってあいさつに代える
かかり		係、掛	係員、掛員、受付係、出札掛
かかる	▲斯る	かかる	〔このような〕
	▲罹る	かかる	病気にかかる
	△関る	係る	…に係ること
かかわる	△拘る	かかわる	…にもかかわらず
かき（接頭語）	▲掻き	かき…	かき消す
かぎ	▲鍵、▲鈎	かぎ	
かける		掛ける	迷惑を掛ける、保険を掛ける
		懸ける	優勝を懸ける、賞金を懸ける
		架ける	橋を架ける、電線を架ける

見出し	表外漢字・表外音訓等	書き表し方	備　　考
かする		課する	税を課する
		科する	刑を科する
かた		方	あっせんの方、あの方
かた（接尾語）		…方	先生方、あなた方
かた		形	形見、手形
		型	型紙、血液型
かたい		堅い	堅い材木、手堅い
		固い	団結が固い、固く信じる
		硬い	硬い表現
		難い	想像に難くない、許し難い
かたがた	旁々	かたがた	お礼かたがた
かたじけない	忝い、辱い	かたじけない	
かたづける	片附ける	片付ける	
かたわら		傍ら	歩道の傍らに、仕事の傍ら勉強する
がち（接尾語）	…勝ち	…がち	…ありがち、…しがち
かつ（接続詞）	且つ	かつ	
かっきてき	劃期的	画期的	
かっこ		括弧	括弧を付ける
かつて	嘗て	かつて	かつて読んだことがある（「かって」と書かない）
かって		勝手	勝手が違う、勝手次第、勝手に行動する
かっぱつ	活潑	活発	
かな		仮名	片仮名、平仮名、仮名遣い
かなう	叶う、協う、適う、敵う	かなう	
かなた	彼方	かなた	
かならず		必ず	必ず伺います、必ずしも誤りとはいえない
かなり	可成り	かなり	かなり進展した
かねて	予て	かねて	かねて懸案の事項を解決する
かのじょ		彼女	
かまう		構う	構わない、費用に構わず、お構いなく

見出し	表外漢字・表外音訓等	書き表し方	備　　　考
		…（て）もかまわない	外出してもかまわない
がまん		我慢	
かもしれない	…かも知れない	…かもしれない	間違いかもしれない
からむ		絡む	
かり		仮	仮に、仮の
かれ		彼	彼ら
かれつ	▲苛烈		〔激しい、厳しい〕
かろうじて		辛うじて	
かわす		交わす	文書を交わす
かわせ		為替	
かわら	▲瓦	かわら	
かんがみる	△鑑みる	かんがみる	
かんじん	肝▲腎	肝心	肝心かなめ、肝心な事柄
かんする		関する	提案に関する発言
〔き〕			
きがかり		気掛かり、気懸かり	
きく		聞く	物音を聞いた、うわさを聞く、道順を聞く
		聴く	音楽を聴く、国民の声を聴く
		効く	効き目がある
		利く	目が利く、機転が利く
きする		期する	…を期して
きそん	▲毀損		〔破損、損傷〕
きたす		来す	支障を来す
きたる		来る	来る○月○日
きづけ		気付	文部省大臣官房気付
きはく	▲稀薄	希薄	
きびしい		厳しい	
きふ		寄附	
きゅうふ		給付	
きゅうろう	旧▲臘		〔昨年末〕（なるべく「昨年12月○日」というようにはっきり書く。）
きらい		嫌い	独断の嫌いがある

見出し	表外漢字・表外音訓等	書き表し方	備　　考
きわまる		窮まる	進退窮まる、窮まりなき宇宙
		極まる	不都合極まる言動、見極める
きわめて		極めて	極めて大きい
きわめる		究める	学を究める
きんしょう	▲僅少		〔少し、わずか〕
〔く〕			
ください		下さい	資料を下さい、御指導ください
		…（て）ください	問題点を話してください
くだす		下す	判決を下す
くむ		酌む	酒を酌む、事情を酌む
くみ		組	赤の組、組長
		組み	活字の組みが緩む
くらい		位	位する、位取り
		…くらい（ぐらい）	どのくらい、これぐらい
くらべる	△較べる	比べる	
くりかえす		繰り返す	
くる		来る	人が来る
		…（て）くる	寒くなってくる
くれぐれも	△呉々も	くれぐれも	
くれる	△呉れる	くれる	資料をくれる
		…（て）くれる	援助してくれる
くろうと		玄人	
〔け〕			
げ（接尾語）	…気	…げ	惜しげもなく
けいぞく	▲繋属	係属	
けいもう	啓▲蒙	啓もう	〔啓発〕
けた	▲桁	けた	三けた
けだし	▲蓋し	けだし	〔多分、大方〕
けっこう		結構	結構な品物、公表しなくても結構です、けっこう役に立つ
〔こ〕			
ご（接頭語）		御…	御案内、御調査

見出し	表外漢字・表外音訓等	書き表し方	備　　考
		ご…	ごあいさつ、ごべんたつ（「挨拶」「鞭撻」等、表外字であって仮名書きにする場合）
こうして	▲斯うして	こうして	
こうはん	広▲汎	広範	
こうふ		交付	証明書を交付する、交付金
		公布	法律の公布
こうほう	▲弘報	広報	
こうむる	▲蒙る	被る	損害を被る
こうよう	▲昂揚	高揚	
こえる		越える	山を越える、年を越す
		超える	100万円を超える額、1,000万人を超す人口
ごく	極	ごく	ごく新しい
ここ	▲此△処、△是、▲茲	ここ	
こころがけ		心掛け、心懸け	
こしらえる	▲拵える	こしらえる	
こぞって	△挙って	こぞって	こぞって賛成する
ごぞんじ	御存知	御存じ	御存じですか
こたえる		答える	質問に答える
	△応える	こたえる	要望にこたえる（…に応じる）
こと		事	事を起こす、事に当たる
		…こと	許可しないことがある、私ことこのたび
ことがら		事柄	次の事柄について
ごとく	△如く	ごとく	〔ように〕
ことごとく	▲悉く	ことごとく	
ことさら		殊更	殊更…する
ことし		今年	
ことなる		異なる	意見が異なる、…を異にする
ことに		殊に	殊に優れている
ごとに	△毎に	…ごとに	１年ごとに更新する
ことのほか		殊の外	殊の外、喜ばしい
ことば	△詞	言葉	話し言葉

見出し	表外漢字・表外音訓等	書き表し方	備　　考
こども		子供	
ことわる		断る	断りの手紙
この	此、之の	この	
このごに…		この期に…	この期に及んで
ごびゅう	誤謬		〔誤り〕
ごぶさた	御無沙汰	ごぶさた	
これ	是、之	これ	
ころ	頃	ころ	ころ合い、ころは３月…、このごろ、○日ごろ
こんてい	根柢	根底	
〔さ〕			
さいわい		幸い	幸いだ、幸い間に合った
さかのぼる	遡る	さかのぼる	
さき		先	先に立つ、先取り、先んずる
さきに	嚮に、曩に	さきに	さきにお知らせした
さきほど	先程	先ほど	
さく		裂く	布を裂く、引き裂く
		割く	時間を割く、人手を割く
ささいな	些細な	ささいな	〔わずかな〕
ささげる	捧げる	ささげる	
さしあげる		差し上げる	
さしあたり		差し当たり	
さしえ	挿画	挿絵	
さしさわり		差し障り	
さしず		指図	
さしずめ	差し詰め	さしずめ	さしずめ計画どおりに実施する
さしだす		差し出す	紹介状を差し出す、差出人
さしつかえる		差し支える	
さしつかわす		差し遣わす	
さしむき		差し向き	
さすがに	流石に	さすがに	
さた	沙汰	さた	さたのあり次第、音さた
さっきゅう		早急	早急に手配する
さっそく		早速	早速送付する

見出し	表外漢字・表外音訓等	書き表し方	備　　考
さて	扨、偖	さて	
さばく	捌く	さばく	品物をさばく
		裁く	罪人を裁く
さほど	左程、然程	さほど	さほど重要でない
さまざまに		様々に	
さらい…		再来…	再来週、再来月、再来年
さらに（副詞）		更に	更に検討することとする
さらに（接続詞）		さらに	さらに、…
さる		去る	去るに当たって、去る○日
さわる		障る	気に障る、差し障る
		触る	展示品に触らないこと、手触りが良い
さんしゃく		参酌	事情を参酌して
〔し〕			
しあわせ	仕合わせ、倖	幸せ	
しいて		強いて	
しかい	斯界		〔この方面、この社会〕
しかし	然し、併し	しかし	
しかしながら	然乍、併乍	しかしながら	
しかた		仕方	仕方がない
しからざる	然らざる		〔そうでない〕
しかるに	然るに	しかるに	
しきりに	頻りに	しきりに	
しくみ		仕組み	機械の仕組み
しげき	刺戟	刺激	
しごく		至極	至極もっともである
しさい	仔細	子細	子細があって
しじゅう		始終	始終…する
しする		資する	水準を高める上に資するところが大きい
しだい		次第	次第書き、式次第、…する次第である
したがう	随う、順う	従う	法律に従う

見出し	表外漢字・表外音訓等	書き表し方	備　　考
したがって（接続詞）	従って	したがって	したがって、…
したためる	認める	したためる	
じつに		実に	
しどう	斯道		〔この道〕
しばしば	屢々	しばしば	
しばらく	暫く	しばらく	
じびき		字引	
しぼる		絞る	手ぬぐいを絞る、絞り染め
		搾る	乳を搾る、搾り取る
しまう	…了う、終う	…（て）しまう	書いてしまう
しまつする		始末する	書類を始末する、始末書
しめきり	〆切	締切り	申込みの締切り、締切日
しめる		締める	ねじを締める、心を引き締める
		絞める	首を絞める、羽交い絞め
		閉める	戸を閉める、店を閉める
しもん		諮問	
しゃりょう	車輛	車両	
じゅうき	什器		〔器物〕
じゅうてん	充塡		〔埋める、詰める〕
じゅうぶん	充分	十分	十分配慮する、不十分である
しゅんこう	竣工、竣功	しゅん工、しゅん功	〔落成・完工〕
じよ	爾余、自余		〔その他、そのほか〕
しょうかい		紹介	紹介の労をとる
		照会	先方の都合を照会する
じょうず		上手	
しょうひょう	証憑		〔証拠〕
じょうぶ		丈夫	丈夫な体
じらい	爾来		〔以後、その後〕
しりぞける	斥ける	退ける	
しるす	誌す、印す	記す	
しろうと		素人	
しんし	真摯		〔真剣、熱心、まじめ〕

見出し	表外漢字・表外音訓等	書き表し方	備　　考
しんしゃく	斟酌	しんしゃく	〔手加減、手心、取捨選択、遠慮〕
しんしょく	侵蝕	侵食	領土を侵食する
	浸蝕	浸食	海岸が浸食される
じんだい		甚大	被害甚大
じんもん	訊問	尋問	
〔す〕			
すいせん		推薦	
ずいぶん		随分	随分早く着いた
すうせい	趨勢		〔成り行き、大勢、形勢、傾向〕
すえおき		据置き	据置期間、据置貯金
すぎる		過ぎる	期限が過ぎる
		…（に）すぎない	調査だけにすぎない
すくなくとも	尠くとも	少なくとも	
すぐに	直に	すぐに	
すぐれる	勝れる	優れる	
すこし		少し	少し早い、少ししかない
すこぶる	頗る	すこぶる	
すすめる		進める	交渉を進める
		勧める	入会を勧める
		薦める	候補者として薦める
ずつ	宛	ずつ	一つずつ、少しずつ
すでに		既に	既に完成している
すなわち	即ち、則ち、乃ち	すなわち	
すべて	総て、凡て	すべて	
すみやかに		速やかに	速やかに実施する
すわる		座る	座り込む
		据わる	目が据わる
〔せ〕			
せいきょ		逝去	
せいぎょ	制禦	制御	制御装置
せっかく	折角	せっかく	せっかくのおいで、せっかく書いたのに

見出し	表外漢字・表外音訓等	書き表し方	備　　考
せつに		切に	切に祈る
ぜひ		是非	是非を論ずる、是非に及ばない、是非（とも）お願いします
せん		栓	消火栓
せんぎ	詮（銓）議		〔配慮、選考、審議〕
せんこう	銓（詮）衡	選考	委員の選考
せんどう	煽動	扇動	扇動する
ぜんぼう	全貌		〔全容、全体〕
〔そ〕			
そう		沿う	意見に沿う、川沿いの家
		添う	連れ添う、付添い
そうごう	綜合	総合	
そうじて		総じて	
そうそうに		早々に	早々に御連絡ください
そうてい	装幀、装釘	装丁	
そうとう		相当	部長に相当する、相当難しい
そうにゅう		挿入	
そうめい	聡明		〔賢明、賢い〕
そち		措置	
そっせん		率先	
その	其	その	その他、そのほか
そば	側、傍	そば	
そまつな		粗末な	
そもそも	抑も	そもそも	
それ	夫、其	それ	それぞれ、それゆえ、それら
そろう	揃う	そろう	
ぞんずる		存ずる	それがよいと存じます、御存じの…
〔た〕			
た		他	その他、他国、自他
ダース	打	ダース	1ダース
たい（助動詞）	…度い	…たい	願いたい、おいでくだされたく
たいがい		大概	大概大丈夫だろう
たいした		大した	大したことはない、大して参考にならない

見出し	表外漢字・表外音訓等	書き表し方	備　　考
だいじょうぶだ		大丈夫だ	もう大丈夫だ
たいせつに		大切に	
たいそう		大層	大層明るい
だいたい		大体	大体のところは、大体良い
たいてい		大抵	大抵のことは分かる、大抵雨になるだろう
たいとう	▲擡頭	台頭	
だいぶ（ん）		大分	大分増えた
たいへん		大変	大変な人出、大変努力する
たえず		絶えず	絶えず行き来する
たがいに		互いに	互いに励まし合う
たくさん	沢山	たくさん	
たけ		丈	身の丈、思いの丈を述べる
だけ		…だけ	調査しただけである
たしょう		多少	多少早くなる
たずねる		尋ねる	由来を尋ねる、尋ね人
		訪ねる	知人を訪ねる、史跡を訪ねる
ただ	△唯、▲只	ただ	
ただし（接続詞）	但し	ただし	ただし、…
ただちに		直ちに	
たち（接尾語）	…△達	…たち	私たち、子供たち
たちのく		立ち退く	立ち退き
たちまち	▲忽ち	たちまち	
たつ		断つ	退路を断つ
		絶つ	縁を絶つ、消息を絶つ
		裁つ	生地を裁つ
たて	▲楯	盾	優勝の盾
たてまえ		建前	…という建前
たとい	△仮△令	たとい	たとい…とも（ても）、（「たとえ」とも言う。）
たとえば		例えば	
たのもしい	頼△母しい	頼もしい	
たび		度	度重なる、度々

見出し	表外漢字・表外音訓等	書き表し方	備　　考
		…たび	このたび、…するたび
たぶん		多分	多分…であろう
たまわる		賜る	
ため	為	ため	ために、…のため
だめ		駄目	駄目を押す
ためす		試す	切れ味を試す
だれ	誰	だれ	
だんぼう	煖房	暖房	
〔ち〕			
ちいさな		小さな	
ちかごろ	近頃	近ごろ	
ちくいち		逐一	逐一報告する
ちしつ	知悉		〔よく知る〕
ちなみに	因みに	ちなみに	
ちなむ	因む	ちなむ	文化の日にちなんだ催し
ちゅう	註	注	
ちゅうしん		衷心	
ちゅうみつ	稠密		〔周密、密集〕
ちゅうもん	註文	注文	
ちょうじり	帳尻	帳じり	帳じりを合わせる
ちょうど	丁度	ちょうど	ちょうど始まったところである
ちょうふ	貼付		〔はる、はり付ける〕
ちょっと	一寸	ちょっと	
ちんでん	沈澱	沈殿	
〔つ〕			
ついたち		一日	
ついて		…ついて	これについて考慮する
ついで		次いで	
ついでに	序に	ついでに	ついでに仕事も頼む
ついては（接続詞）	就いては	ついては	ついては、…
ついに	遂に	ついに	ついに完成する
つうちょう	通牒		〔通達〕
つかう		使う	機械を使う、重油を使う

見出し	表外漢字・表外音訓等	書き表し方	備　　考
		遣う	心を遣う、気を遣う、小遣い銭、仮名遣い
つかわす		遣わす	差し遣わす
つき		…付き	折り紙付き、尾頭付き
		つき	顔つき、目つき、体つき
つぎ		次	次のとおり、次々と
つく	附く	付く	利息が付く、味方に付く
		着く	手紙が着く、船を岸に着ける
		就く	緒に就く、職に就く、役に就ける
つぐ		次ぐ	事件が相次ぐ、取り次ぐ
		継ぐ	跡を継ぐ、引き継ぐ
		接ぐ	木を接ぐ、接ぎ木
つくる		作る	米を作る
		造る	船を造る、庭園を造る
…づけ		…付け	○月○日付け、日付
つける	附ける	付ける	条件を付ける、付け替える
つごう		都合	都合で、都合○名
つつしむ		慎む	身を慎む、言葉を慎む
		謹む	謹んで祝意を表する
つづる	綴る	つづる	文をつづる、書類をつづり込む
つど		都度	その都度
つとめて	力めて	努めて	努めて早起きする
つとめる		努める	解決に努める、完成に努める
		勤める	会社に勤める
		務める	議長を務める、主役を務める
つながる	繋る	つながる	
つねに		常に	
つまびらか	詳、審	つまびらか	〔詳細〕
つもり		積もり	心積もり、見積り
	心算	つもり	そのつもりだ
〔て〕			
てあて		手当	手当を支給する、傷の手当て
ていしょく	牴触	抵触	
ていねい	叮嚀	丁寧	

見出し	表外漢字・表外音訓等	書き表し方	備　　考
ておくれ		手後れ	
てがかり		手掛かり、手懸かり	
でき		出来	出来心、出来事、出来上がる、出来が良い
…でき		…出来	上出来、不出来
できる	出来る	できる	利用（が）できる、できるだけ…
てぎわ		手際	手際が良い
てごろ	手▲頃	手ごろ	手ごろな大きさ
てはず	手▲筈	手はず	手はずを整える
てびき		手引	指導の手引、手引書、手引きをする
てもと	手△許	手元	
〔と〕			
とうがい		当該	
どうさつ		洞察	
どうじょう	▲仝上	同上	
とうてい		到底	到底できない
とうとう	到頭	とうとう	とうとう決定した
とうや	陶▲冶		〔訓練、養成、育成〕
とお		十	十日
とおり		通り	銀座通り、一通り
		…とおり	次のとおりである、従来どおり、通知どおり実施した
とかく	▲兎角	とかく	とにかく、とにもかくにも
とき		時	時の記念日
		…とき	事故のときは連絡する
とく		解く	問題を解く、会長の任を解かれる、疑いが解ける
		溶く	絵の具を溶く、地域社会に溶け込む
とくに		特に	
どこ	△何△処	どこ	
ところ	△処	所	家を建てる所、所書き
		…ところ	現在のところ差し支えない
ところが（接続詞）	所が	ところが	

見出し	表外漢字・表外音訓等	書き表し方	備　　考
ところで（接続詞）	所で	ところで	
とじる	▲綴じる	とじる	紙をとじる
		閉じる	門を閉じる
とつぜん		突然	
とても	▲迚も	とても	
		整える	身辺を整える、調子を整える
		調える	晴れ着を調える、費用を調える
とどめる	△止める、△留める	とどめる	記録にとどめる
とはいうものの		とはいうものの	
とはいえ		とはいえ	
とめる		止める	息を止める
		留める	ボタンを留める、留め置く、書留
		泊める	客を泊める、船が港に泊まる
とも		共	共倒れ、共に（副詞）、共々（副詞）
		…とも	…とともに、今後とも、両方とも
ども（接尾語）	共	…ども	私ども
ともだち		友達	
ともなう		伴う	…に伴って
とらえる		捕らえる	泥棒を捕らえる
	▲捉	とらえる	機会をとらえる
とりあえず	取り△敢えず	取りあえず	取りあえず御報告まで
とりはからう		取り計らう	
とりまとめ	取り▲纏め	取りまとめ	
とりもどす		取り戻す	取戻し、取戻請求権
とりやめ	取り△止め	取りやめ	
とる		取る	資格を取る、連絡を取る
		採る	高校の卒業生を採る、会議で決を採る
		執る	事務を執る、式を執り行う
		捕る	生け捕る、捕り物
		撮る	写真を撮る

見出し	表外漢字・表外音訓等	書き表し方	備　　考
〔な〕			
ない	無い	ない	欠点がない、行かない、有り・無し
		亡い	亡くなる、亡き人
ないし	乃至	ないし	北ないし北東の風
なお	尚、猶	なお	なお…、なおさら
なか		中	箱の中、括弧の中
ながい		長い	長い道、気が長い
		永い	永の別れ、末永く契る
なかなか	中々、仲々、却々	なかなか	なかなか現れない
なかば		半ば	半ばあきらめる
ながら	乍ら	ながら	歩きながら話す
なかんずく	就中	なかんずく	〔なかでも〕
なごり		名残	
なさけ		情け	情けない
なざし		名指し	
なす	為す		なすすべもない〔する〕
なぜ	何故	なぜ	
なついん	捺印		〔押印〕
など	…等	…など	「等」は「とう」と読む
ななめ		斜め	
なに		何	
なにとぞ	何卒	何とぞ	何とぞよろしく
なにぶん		何分	何分よろしく
なまえ		名前	
なみ		並	並の品、並木、人並み、十人並み
なみなみ		並々	並々ならぬ
ならう	倣う	倣う	前例に倣う
ならびに（接続詞）		並びに	（a及びb）並びに（c及びd）
なりたつ		成り立つ	
なりゆき		成り行き	
なる	為る	成る	本表と付表から成る
		なる	1万円になる、小さくなる

見出し	表外漢字・表外音訓等	書き表し方	備　　考
なるべく	可成	なるべく	なるべく早くする
なるほど	成程	なるほど	
なん		何	何でもない、何にも、何のことか、何ら
〔に〕			
にぎわう	賑う	にぎわう	
にくい	…憎い、…難い	…にくい	実行しにくい、言いにくい
になう	荷う	担う	双肩に担う
にょじつに		如実に	如実に示す
にらむ	睨む	にらむ	にらみ合わせる
にわか	俄	にわか	にわかに事が運ぶ
〔ね〕			
ねりなおす		練り直す	
ねんごろ		懇ろ	懇ろにもてなす
〔の〕			
のうり	脳裡	脳裏	
のがす		逃す	逃れる
のける	除ける	のける	
のちほど		後ほど	後ほど連絡する
のっとる	則る	のっとる	〔基づく、従う、よる、即する〕
のばす		伸ばす	努力を伸ばす、学力が伸びる
		延ばす	開会を延ばす、支払が延び延びになる
のむ	呑む	飲む	水を飲む
〔は〕			
はあく		把握	
はいる		入る	
はがき	葉書、端書	はがき	
はかどる	捗る	はかどる	
はからずも	不図	図らずも	
ばかり	…許	…ばかり	こればかり、…するばかり
はかる		図る	合理化を図る、解決を図る
		計る	時間を計る、計り知れない恩恵

見出し	表外漢字・表外音訓等	書き表し方	備考
		測る	距離を測る、面積を測る
		量る	目方を量る、容積を量る
		謀る	暗殺を謀る
		諮る	審議会に諮る
ばくぜん		漠然	漠然とした
ばくだい	莫大	ばくだい	〔多大〕
はくり	剝離		〔はがれる〕
はさむ		挟む	挟み込む
はじめて		初めて	初めての経験
はじめる		始める	会を始める、御用始め、始めから終わりまで
はず	筈	はず	できるはずがない
はすう		端数	
はずれる		外れる	町外れ、外す、踏み外す
はたして		果たして	果たして…だ
はつらつ	潑剌	はつらつ	
はで		派手	派手な服装
はなはだ		甚だ	甚だ大きい、甚だしい
はば	巾	幅	
はばかる	憚る	はばかる	
はばむ		阻む	
はやい		早い	時期が早い、矢継ぎ早
はやい		速い	流れが速い、テンポが速い
はらいもどし		払戻し	払戻金、払戻証書
はんさな	煩瑣な		〔煩わしい〕
はんばく	反駁		〔反論〕
はんれい		凡例	
〔ひ〕			
ひいては	延いては	ひいては	
ひきおこす	惹き起こす	引き起こす	
ひごと	日毎	日ごと	
ひごろ	日頃	日ごろ	
ひたすら	只管	ひたすら	
ひっきょう	畢竟	ひっきょう	〔つまり、つまるところ〕

見出し	表外漢字・表外音訓等	書き表し方	備　考
ひづけ	日附	日付	
ひっす	必須		〔必要〕
ひとかたならぬ		一方ならぬ	
ひとしお	一入	ひとしお	〔一段と〕
ひとしく	斉しく	ひとしく	全員ひとしく賛成した
ひとそろい	一揃	一そろい	
ひとたび	一度	一たび	
ひととおり		一通り	
ひとまず	一先ず	ひとまず	
ひとり		一人	一人の力、一人っ子、一人一人
		独り	独り占め、独り者、独り…ばかりでなく
ひとわたり	一渡り	ひとわたり	
ひょうき		表記	表記の金額、国語の表記
		標記	標記のことについて（件名のときに使う。）
ひょうきょ	憑拠		〔よりどころ〕
ひろがる	拡がる	広がる	
ひんぱん		頻繁	
〔ふ〕			
ふ		附	附則、附属、附帯、附置、寄附
		付	付記、付随、付与、付録、交付、給付
ふう		風	洋風、学者風の人
		…ふう	こういうふうに造る、知らないふうを装う
ふえる		殖える	財産が殖える
		増える	人数が増える
ふさわしい	相応しい	ふさわしい	
ふじゅうぶん	不充分	不十分	この調査は不十分である
ふたたび		再び	
ふたり		二人	
ふだん	普段	ふだん	ふだん考えていること
ふちょう	符牒	符丁	〔しるし〕
ふつか		二日	

見出し	表外漢字・表外音訓等	書き表し方	備　　考
ふっしょく	払拭		〔一掃、除去、取り去る〕
ふと	不図	ふと	
ふりがな		振り仮名	
ふるう		振るう	腕を振るう、事業が振るわない
		震う	声を震わせる．身震い
		奮う	勇気を奮う、奮い立つ
ふるって		奮って	奮って参加してください
ふんいき		雰囲気	
〔へ〕			
ページ	頁	ページ	
べき	可き	べき	そうすべきである
へきち	僻地	へき地	〔辺地〕
へた		下手	
へや		部屋	
へんさん	編纂		〔編集〕
へんしゅう	編輯	編集	新聞の編集
べんたつ	鞭撻	べんたつ	〔激励、励ます〕
へんてい	編綴		〔つづる〕
へんれい		返戻	
〔ほ〕			
ほいく	哺育	保育	
ほう		方	先方、諸方、方針、君の方が正しい
ぼうだい	厖大	膨大	〔多大〕
ほか	外、他	ほか	特別の場合を除くほか、殊の外、何其外○名
		ほか	ほかの意見、ほかから探す、ほかから連れて来る
ほしい		欲しい	金が欲しい、欲しがる
		…（て）ほしい	見てほしい
ほてん	補塡		〔補充〕
ほど		程	程遠い、程なく、身の程
		ほど	先ほど、後ほど、今朝ほど
		…ほど	少ないほど良い
ほとんど	殆ど	ほとんど	

見出し	表外漢字・表外音訓等	書き表し方	備　　考
ほぼ	略	ほぼ	
ほまれ		誉れ	
ほんとう		本当	本当の話、本当に困る
〔ま〕			
まいしん	邁進		〔突進、突き進む〕
まぎわ		間際	出発間際
まことに	真に、実に	誠に	誠に重要な問題である
まさに	将に、方に	正に	正に指摘のとおりである
まさる	優る	勝る	
まして	況して	まして	まして私には不可能である
まじめ	真面目	まじめ	
まじる		交じる	漢字仮名交じり文、交ぜ織り
		混じる	異物が混じる、絵の具を混ぜる
まず	先ず	まず	
ますます	益々	ますます	ますます増加する
また		又	又の機会、又聞き、又貸し
また（接続詞）	又	また	山また山
または（接続詞）		又は	（ａ若しくはｂ）又はｃ
まちがう		間違う	
まっさき		真っ先	真っ赤、真っ青、真っ白
まったく		全く	
まっとうする	完うする	全うする	
まで	迄	まで	○日まで
まとめる	纏める	まとめる	
まね	真似	まね	
まま	儘	まま	そのまま
まもなく		間もなく	
まれ	稀、希	まれ	世にもまれな話
まわり	廻り	回り	身の回り、胴回り、回る、回す
		周り	池の周り、周りの人
まんなか		真ん中	
〔み〕			
み（接頭語）	御…	み…	み霊、み代

見出し	表外漢字・表外音訓等	書き表し方	備　　考
み（接尾語）	…味	…み	弱み、有り難み
みいだす	見△出す	見いだす	
みぎり	▲砌	みぎり	〔折、際〕
みきわめる		見極める	
みごと	△美事	見事	
みずから		自ら	自ら名のり出る
みぞう	未▲曾有		〔かつてない、空前の、初めての〕
みたす	△充たす	満たす	
みだりに	△妄に、△濫に	みだりに	
みち	△路、△途、△径	道	
みっか		三日	
みなす	見▲做す	みなす	
みにくい	見△難い	見にくい	
みのがす		見逃す	
みる	△観る、△看る、△覧る、△視る	見る	遠くの景色を見る、面倒を見る
		診る	患者を診る、脈を診る
		…（て）みる	見てみる
〔む〕			
むしろ	△寧ろ	むしろ	むしろこの方が便利だ
むずかしい		難しい	
むぞうさ		無造作	無造作に描く
むだ	△冗、△徒	無駄	無駄話
むなしい	△空しい、△虚しい	むなしい	
むね		旨	その旨、了承されたい
むやみ	無▲闇、無△暗	むやみ	むやみに言い触らす
むろん		無論	無論正しい
〔め〕			
め		…目	三日目、10番目
		…め	少なめ、長め、細め、厚め
めあて		目当て	
めいてい	▲酩▲酊		〔酔う〕
めいめい		銘々	銘々に分ける

見出し	表外漢字・表外音訓等	書き表し方	備　　考
めいりょう	明瞭	めいりょう	〔明白、明解〕
メートル	米	メートル	1メートル、1m、1平方メートル
めがね		眼鏡	
めざす		目指す	
めった	滅多	めった	めったやたらに
めでたい	目出度い	めでたい	おめでとうございます
めんどう		面倒	御面倒をお掛けします、面倒な仕事
〔も〕			
もうしあげる		申し上げる	
もうしあわせ		申合せ	申合せを行う、申し合わせる、申合せ事項
もうしこむ		申し込む	申込み、申込書
もうしわけ		申し訳	
もうら		網羅	
もくと		目途	年末完成を目途とする
もくろみ	目論見	もくろみ	
もし	若し	もし	もしも
もしくは(接続詞)		若しくは	(a若しくはb)又はc
もたらす	齎す	もたらす	
もちろん	勿論	もちろん	
もって	以って	もって	…をもって
もっとも		最も	最も大切だ
	尤も	もっとも	もっともな御意見です
もっぱら		専ら	専ら仕事に力を入れる
もと		下	法の下に平等、一撃の下に倒した
		元	火の元、出版元、元が掛かる
		本	本を正す、本と末
		基	資料を基にする、基づく、基(もとい)
もどす		戻す	後戻り
もとより	固より、素より	もとより	…はもとより
もの		物	物を大切に扱う
		者	18歳未満の者

見出し	表外漢字・表外音訓等	書き表し方	備　　考
		…もの	正しいものと認める、目安を示すものである
もより		最寄り	最寄りの駅
もらう	▲貰う	もらう	…してもらう
もらす	▲洩らす、▲泄らす	漏らす	漏れる
もろもろ	△諸々	もろもろ	
〔や〕			
やがて	▲軈て	やがて	
やかましい	▲喧しい	やかましい	
やくわり		役割	
やさしい		易しい	易しい問題
		優しい	優しい心遣い
やすい	△廉い	安い	
	…△易い	…やすい	読みやすい
やっかい		厄介	
やはり（副詞）	矢張り	やはり	やはり予想どおりであった
やむをえず	▲已むを得ず	やむを得ず	
やめる	△止める、△罷める	辞める	勤めを辞める
やや	▲稍	やや	
ややもすれば	△動もすれば	ややもすれば	
やる	△遣る	やる	やり方、やり直し、使いをやる
		…（て）やる	読んでやる
やわらかい		柔らかい	柔らかい毛布、物柔らかな態度
		軟らかい	表情が軟らかい、軟らかな土
やわらぐ		和らぐ	気持ちが和らぐ、和らいだ空気
〔ゆ〕			
ゆいしょ		由緒	
ゆうゆう		悠々	悠々自適
ゆえ		故	故あって、故なく
		…ゆえ	一部の反対のゆえにはかどらない、それゆえ
ゆえに（接続詞）	故に	ゆえに	ゆえに、…

見出し	表外漢字・表外音訓等	書き表し方	備　　考
ゆえん	所以	ゆえん	〔訳、理由、方法〕
ゆがむ	歪む	ゆがむ	ゆがめる
ゆくえ		行方	行方不明
ゆだねる	委ねる	ゆだねる	
ゆるがせ	忽せ	ゆるがせ	
ゆるむ		緩む	緩やかだ
〔よ〕			
よい		良い	頭が良い、良い成績
		善い	善い行い
		…（て）よい	連絡してよい
ようけつ	要訣		〔要点〕
ようだ	様だ	ようだ	…のようだ、このような計画
ようにん	傭人	よう人	〔雇人、使用人〕
ようやく	漸く	ようやく	ようやく認められた
よけい		余計	費用が余計にかかる
よごれる		汚れる	
よし		由	由ありげ、知る由もない、お元気の由何よりです。
よって	仍って	よって	よって…する
よほど（副詞）	余程	よほど	
より	自	より	○○より少ない（「より」は比較のときだけに使う。）
よりどころ	拠所	よりどころ	
よる	因る、依る、拠る、由る	よる	これによってよい
よろしく	宜しく、宜敷	よろしく	よろしくお取り計らいください
よろん	輿論		〔世論〕
〔ら〕			
ら	…等	…ら	これら、何ら、我ら
らんしょう	濫觴		〔はじまり〕
〔り〕			
りっぱ		立派	
りびょう	罹病		〔病気にかかる、発病〕
りゅうちょう	流暢	りゅうちょう	〔すらすらと、よどみなく〕

見出し	表外漢字・表外音訓等	書き表し方	備　　　考
りょうかい	▲諒解	了解	
りょうしょう	▲諒承	了承	
〔る〕			
るす		留守	
〔れ〕			
れいにゅう		戻入	〔戻入れ〕　定額戻入
れんが	▲煉▲瓦	れんが	
れんけい	連▲繫	連係	
れんごう	▲聯合	連合	
れんらく	▲聯絡	連絡	
〔わ〕			
わが	▲吾が	我が	我が国、我が家
わかる	△判る、△解る	分かる	気持ちが分かる
		別れる	友と駅頭で別れる、家族と別れて住む
わきまえる	△弁える	わきまえる	
わかれる		分かれる	意見が分かれる、勝負の分かれ目
わく		枠	枠を定める、枠にはめる
わけ		訳	訳がある、申し訳ない
		…わけ	賛成するわけにはいかない
わざと	△態と	わざと	わざとらしい、わざわざ
わずか	▲僅	わずか	わずかの差
わずらう		煩う	思い煩う、人手を煩わす
		患う	胸を患う
わたくし		私	私（代名詞）、私事、私する
わたって	▲亙って	わたって	全体にわたって検討する
わびる	▲詫る	わびる	
わりあい		割合	週に１回の割合、割合に速い
わりに		割に	割に容易である
わりもどし		割戻し	割戻金
われ	▲吾	我	我々、我ら

文部省　公用文　送り仮名用例集

注：この「文部省　公用文　送り仮名用例集」（昭和56年12月改定）は、文部省内の文書担当者の会議を経て決定を見、文部省で公用文を作成する上での参考にするため、大臣官房総務課から省内に配布したものである。

前書き

1　この「文部省　公用文　送り仮名用例集」は、文部省で公用文を作成するため、下記の内閣告示等に基づき、よく用いられる語を中心に、その送り仮名の付け方の標準を示したものである。

(1)　送り仮名の付け方（昭和48年6月18日　内閣告示第2号）

(2)「送り仮名の付け方」の実施について（昭和48年6月18日　内閣訓令第2号）

(3)　常用漢字表（昭和56年10月1日　内閣告示第1号）

(4)「常用漢字表」の実施について（昭和56年10月1日　内閣訓令第1号）

(5)　公用文における漢字使用等について（昭和56年10月1日　事務次官等会議申合せ）

(6)　法令における漢字使用等について（昭和56年10月1日　内閣法制局総発第141号）

(7)「公用文における漢字使用等について」の具体的な取扱い方針について（昭和56年10月1日　内閣閣第150号・庁文国第19号通知）

2　用例は五十音順に配列した。

3　用例に示した送り仮名の付け方は、上記1の(5)、(6)及び(7)により、次のとおりとした。

(1)　「公用文における漢字使用等について」（以下「申合せ」という。）により、原則として「送り仮名の付け方」の通則1から6までの「本則」・「例外」、通則7及び「付表の語」（1のなお書きを除く。）によった。

(2)　「法令における漢字使用等について」の「二　送り仮名の付け方について」の「2　複合の語」の（一）のただし書により通則6の許容を適用することとして例示されている語については、申合せ「2　送り仮名の付け方について」の(1)のただし書を適用し、その例示のように送り仮名を省くこととした。(これらの語には*印を付してある。)

(3) 前項の語のほか、申合せ「2 送り仮名の付け方について」の(2)により、必要と認める場合は、「送り仮名の付け方」の通則2、通則4及び通則6の許容並びに「付表の語」の1のなお書きを適用して差し支えないこととされているが、ここでは示さないこととした

〔あ〕

相・・・
相合い傘
合いかぎ
相変わらず
合気道
合図
相対する
相づち
相手
合いの手
合服
合間
合う
会う
遭う
青い
仰ぐ
青さ
赤い
赤組
(・・・に)
　飽かして
明かす
明らむ
赤らむ
赤らめる
明かり
上がり
上がり口
上がる
挙がる
揚がる
明るい
明るさ
明るみ
明るむ
赤ん坊
飽き
空き缶
空き巣
空き地
商い
商う
秋晴れ
空き瓶
空き間
秋祭り
空き家
明らかだ
飽きる
空く
明く
開く
飽くまで
明くる(朝)
揚げ足
揚げ油
明け方
挙げ句
明け暮れ
上げ潮
開けたて
挙げて
明け離れる
揚げ物
空ける
明ける
開ける
上げる
挙げる
揚げる
明渡し*
明渡し期日
明け渡す
浅い
朝起き
浅漬け
浅はかだ
欺く
鮮やかだ
足掛かり
足掛け
味付け
足止め
足取り
足並み
足踏み
味わい
味わう
預かり
預り金*
預かる
預入金
預け金
預ける
汗ばむ
焦り
焦る
遊び
遊ぶ
価
値
値する
あだ討ち
与える
温かい
暖かい
温かだ
暖かだ
温かみ
暖かみ
温まる
暖まる
温める
暖める
頭打ち
頭割り
新しい
新しがる
新しさ
辺り
当たり
当たり障り
当たり前
当たる
厚い
暑い
熱い
扱い
扱う
厚かましい
暑がる
厚さ
暑さ
熱さ
集まり
集まる
厚み
集める
当て
当てこすり
当て込む
当て字

あて名
当て外れ
当てる
充てる
後押し
跡形
後片付け
跡片付け
後継ぎ
跡継ぎ
跡取り
後払い
後回し
後戻り
穴埋め
侮り
侮る
暴き出す
暴く
暴れる
浴びせる
浴びる
危ない
危ながる
油揚げ
脂ぎる
油差し
油染みる
油漬け
甘い
甘える
天下り
雨曇り
余す
雨垂れ
天の川
甘み
雨漏り
甘やかす
雨宿り
余り
余りに
余る
甘んずる
編み上げ
編上靴
編み上げる
編み方
網引き
編み物
編む
雨上がり
雨降り
危うい
危うく
怪しい
怪しがる
怪しげだ
怪しむ
操り人形
操る
危ぶむ
過ち
過つ
誤り
誤る
謝る
歩み
歩み寄り
歩む
荒々しい
荒い
粗い
洗い髪
洗い粉
洗いざらい
洗いざらし
洗い張り
洗い物
洗う
荒稼ぎ
荒削り、粗削り
荒らす
争い
争う
新ただ
改まる
改めて
改める
荒波
荒縄
荒武者
荒物
表す
現す
著す
表れ
現れ
表れる
現れる
著れる
有り明け
有り合わせ
有り難い
有り難み
有り金
有様
在りし日
有田焼
有る
在る
歩く
アルコール漬け
荒れ狂う
荒れ性
荒れ地
荒れ肌
荒れ果てる
荒れる
淡い
合わす
合わせ鏡
併せて
合わせ目
合わせる
併せる
慌ただしい
慌ただしげだ
慌ただしさ
泡立ち
泡立つ
慌てる
哀れ
哀れがる
哀れだ
哀れみ
哀れむ

〔い〕

居合わせる
言い合い
言い合う
言い落とす
言い返す
言い方
言いぐさ
言い出す
言い違い
言い付ける
言い伝え
言い伝える
言い直し
言い抜け
言い残す
言い分
言い回し
言い漏らし
言い漏らす
言い訳
言渡し＊
言い渡す
言う
家持ち
生かす
怒らす
怒り
怒り狂う
怒る
生き
行き
行き当たり
行き当たる
生き生きと
生き写し
生き埋め
勢い
生きがい
行き帰り
生き返る
行き掛かり
行き掛け
息切れ
息苦しい
意気込み
行き先
生き死に
生き字引
行き過ぎ
行き過ぎる
行き倒れ

生き血
行き違い
息詰まる
行き詰まる
憤り
憤る
息抜き
生き残り
生き残る
生き恥
生き仏
息巻く
生き物
生きる
生き別れ
行く
居食い
戦〔いくさ〕
行く先
幾つ
幾ら
生け垣
生け捕り
生け花
生ける
憩い
憩う
潔い
勇ましい
勇み足
勇み肌
勇む
石畳
石突き
石造り
意地っ張り
忙しい
忙しさ

急ぎ
急ぎ足
急ぐ
いそ伝い
痛い
板囲い
抱く
痛さ
板敷き
致す
頂
頂き物
頂く
至って
板挟み
板張り
痛ましい
痛み
傷み
悼み
痛む
傷む
悼む
痛める
傷める
至り
至る
至る所
一時逃れ
一時払い
著しい
著しさ
一枚刷り
一夜漬け
一輪挿し
一騎打ち
慈しみ
慈しむ

一戸建ち
一戸建て
逸する
一足飛び
五つ
一点張り
一本立ち
一本釣り
偽り
偽る
井戸替え
営み
営む
井戸掘り
糸巻き
挑む
否
居直る
稲光
否む
否めない
・・・(や)否や
居並ぶ
居抜き
犬死に
稲刈り
居眠り
居残り
命懸け
命取り
命拾い
祈り
祈る
息吹
忌ま忌ましい
今し方
戒め
戒める

忌まわしい
意味合い
忌み言葉
忌む
芋掘り
嫌がる
嫌気
卑しい
卑しさ
卑しむ
卑しめる
嫌だ
入り
入会権
入り海
入り江
入り口
入り阻む
入り込む
入り日
入り浸る
入り船
入りもや造り
入る
射る
居る
要る
鋳る
入替え＊
入れ替える
入れ替わり
入れ替わる
入れ知恵
入れ違い
入れ歯
入れ物
入れる
色合い

色揚げ
色変わり
色刷り
色づく
色づけ
彩り
彩る
色分け
祝い
祝い酒
祝い物
祝う

〔う〕

憂い
初々しい
飢え
植木
植木鉢
植え込み
飢え死に
植付け＊
植え付ける
植える
飢える
魚釣り
魚釣用具＊
う飼い
伺い
・・・伺
(進退伺)
伺う
浮かす
浮かび上がる
浮かぶ
浮かべる
受かる
浮かれる

浮き	受払金	謡う	移す	埋立区域
浮足	請け人	疑い	訴え	埋立事業
浮き浮き	受け身	疑う	訴える	埋立地
浮き貸し	受持ち＊	疑わしい	うつ伏せ	埋め立てる
浮草	受け持つ	打ち明け話	写り	梅干し
浮雲	請け戻し	打ち明ける	映り	埋める
浮き沈み	請け戻す	打合せ＊	移り香	埋もれ木
浮名	受ける	打合せ会＊	移り変わり	埋もれる
浮袋	請ける	打ち合わせる	移り変わる	恭しい
浮き彫り	受渡し＊	討ち入り	移り気	敬い
憂き目	動かす	打ち返す	写る	敬う
浮世	動き	打切り＊	映る	裏打ち
浮世絵	動く	打切補償	移る	裏書
浮く	うさぎ狩り	打ち切る	腕押し	裏切り
受け	憂さ晴らし	打ち消し	腕比べ	裏切り者
請け合い	牛追い	打ち消す	疎い	裏切る
請け合う	牛飼い	打ち込む	疎ましい	裏付け
受入れ＊	失う	打ち据える	疎む	占い
受入額	後ろ	打ち出し	促す	占う
受入先	後ろ暗い	打ち出す	畝織	恨み
受入年月日	後ろ姿	打ち続く	奪い取る	恨む
受け入れる	後ろ盾	打ち解ける	奪う	恨めしい
受け売り	後ろ向き	打ち抜く	産着	売り
請負	後ろめたい	内払＊	馬乗り	売上げ＊
請け負う	薄明かり	打ちひも	埋まる	売上金
受け口	薄い	打ち身	生まれ	売上高
受け答え	薄曇り	打ち水	生まれ変わる	売惜しみ＊
受皿＊	薄暗い	打ち破る	生まれつき	売り買い
請け書	渦巻＊	打つ	生まれる	売掛金
承る	渦巻く	撃つ	産まれる	売り切れ
受け継ぎ	薄まる	討つ	産み月	売り切れる
受け継ぐ	薄める	美しい	海鳴り	売り食い
受付	薄らぐ	美しさ	生む	売り子
受付係	薄れる	写し	産む	売り声
受け付ける	薄笑い	移替え＊	埋め合わせ	売り込み
受取	謡	写し方	埋め合わせる	売り込む
受取人	歌い手	写す	埋め草	売出し＊
受け取る	歌う	映す	埋立て＊	売出発行

売り出す
売り立て
売手
売主
売値
売場＊
売払い＊
売り払う
売り物
売渡し＊
売渡価格
売渡先
売り渡す
売る
得る
潤い
潤う
潤す
潤わす
潤む
麗しい
麗しさ
売れ
憂い
愁い
憂え
憂え顔
愁える
憂える
売れ口
売れ高
売れっ子
売れ残り
売れ残る
売行き＊
売れる
熟れる
うろ覚え
上書き
うわさ話
上敷き
上澄み
上背
浮つく
上包み
上積み
上塗り
上回る
上向き
植わる

〔え〕

絵入り
描き出す
描く
枝伝い
恵方参り
絵巻物
笑む
偉い
選び出す
選ぶ
偉ぶる
襟飾り
えり好み
襟止め
えり抜き
襟巻
得る
獲る
縁切り
縁組＊
縁続き
縁結び

〔お〕

老い
追い打ち
追い掛ける
追い風
老い朽ちる
追越し＊
追い越す
追い込み
老い込む
追い込む
生い茂る
追い銭
追い出す
生い立ち
追い付く
追い詰める
追いはぎ
追い羽根
追い払う
追い抜く
老い松
追い回す
負い目
老いる
追分
負う
追う
生う
扇
終える
大当たり
大暴れ
大荒れ
大慌て
多い
覆い
大いに
大入り
覆う
大写し
大掛かり
大きい
大きさ
大きな
大食い
大騒ぎ
雄々しい
大仕掛け
仰せ
大助かり
大立ち回り
大立者
大詰め
大通り
大降り
大回り
大向こう
公
大喜び
大笑い
尾頭付き
侵す
犯す
冒す
拝み倒す
拝む
沖合
沖合漁業
起き上がる
置きごたつ
置き去り
沖釣り
置き手紙
補い
補う
起き抜け
置場＊
置き引き
起き伏し
置き土産
置物
起きる
置く
奥書
奥付
奥まる
お悔やみ
奥行き
小暗い
遅らす
送り
送り仮名
送り先
送り状
送り届ける
おくり名
送り主
送り迎え
贈物＊
送る
贈る
遅れ
後れ毛
後れる
遅れる
起こす
興す
厳かだ
怠り
怠る
行い
行う

行われる
起こり
起こる
興る
怒る
押さえ
抑え
押さえる
抑える
お下がり
幼い
幼子
幼なじみ
治まり
納まり
修まる
収まる
治まる
納まる
納め
納め物
修める
収める
治める
納める
押し
押し合い
押し合う
押し上げる
惜しい
押し入る
押し入れ
押売
教え
押し絵
教え子
教える
押し掛ける
惜しがる
お仕着せ
押し切る
惜しげ
押し込む
推し進める
押し倒す
押し出し
押出機
押し出す
押し付け
押し付けがましい
押し付ける
押し詰まる
お忍び
押し葉
推し量る
押し花
惜しむ
お湿り
押し戻し
押し戻す
押し問答
押し寄せる
推す
押す
遅い
襲う
遅咲き
お供え
恐らく
恐れ
虞
恐れ入る
恐れる
恐ろしい
教わる
お互いに
穏やかだ
落ち合う
陥る
落ち口
落ち込む
落ち着き
落ち着く
落ち度
落ち葉
落ち穂
落ち武者
落ち目
落ちる
追っ手
追って書き
脅かす
おとぎ話
男盛り
落とし
脅し
落とし穴
落とし物
脅し文句
落とす
脅す
訪れ
訪れる
大人並み
踊らす
劣り
踊り
躍り上がる
踊り子
踊り場
劣る
踊る
躍る
衰え
衰える
驚かす
驚き
驚く
同い年
同じ
同じだ
各、各々
お化け
お払い箱
帯
帯揚げ
帯締め
帯留*
脅かし
脅かす
帯びる
覚え
覚書
覚える
お巡りさん
お目見え
思い
重い
思い上がる
思い当たる
思い入れ
思い浮かべる
思い起こす
思い返す
思い掛けない
思い切り
思い切る
思い込む
思い出す
思い立つ
思い違い
思い付き
思い付く
思い詰める
思い出
思い残す
思いやり
思う
重苦しい
主だ
重たい
表通り
表向き
主な
重み
趣
赴く
面持ち
お守り
思わく
思わしい
思わず
重んずる
親子連れ
親譲り
泳ぎ
泳ぐ
及び
及び腰
及ぶ
及ぼす
折
織り
・・・織（工芸品）
折り合い
折り合う
折り襟
折々

折り返し
折返線
折り返す
折り重なる
折り方
織り方
折りかばん
折り紙
折り紙付き
折から
折り込み
織り込む
折り畳み式
折り畳む
折詰＊
折りづる
折り箱
折節
折り曲げる
折り目
織元
織物
下りる
降りる
折る
織る
折れ合う
折れ曲がる
折れ目
折れる
愚かしい
愚かだ
愚か者
卸
卸売
卸商
卸問屋
卸値
下ろす
卸す
降ろす
終わり
終わる
恩返し
女連れ
音引き

〔か〕

買い
買上げ＊
買上品
買い上げる
飼い犬
買入れ＊
買い入れる
買受け＊
買受人
買い受ける
買換え＊
買掛金
外貨建債券
買い切り
買い食い
買い込む
概算払
買占め＊
買い占める
買い出し
買いだめ
買い付け
買手
買取り＊
買主
飼い主
買値
飼い猫
買戻し＊
買い戻す
買物＊
買う
飼う
（飛び）交う
代え
換え
替え
替え歌
返し
返す
帰す
替え玉
替え地
替え刃
返り
帰り
返り討ち
返り咲き
返り点
帰り道
省みる
顧みる
代える
換える
替える
変える
返る
帰る
顔合わせ
顔出し
顔だち
顔つき
顔ぶれ
顔負け
顔見せ
顔向け
香り
薫り
香る
薫る
抱える
掲げる
欠かす
輝かしい
輝かす
輝き
輝く
係
掛
掛かり合う
係員
係り結び
係る
掛かる
架かる
懸かる
書き誤り
書き入れ
書き入れ時
書き入れる
書き置き
書き下ろし
書換え＊
書き換える
書き方
書き下し
書き込み
書き込む
かぎ裂き
書き初め
書き出し
書付
書留
書き留める
書き取り
書き取る
書き直す
書き抜き
書き抜く
垣根越し
かき回す
かき乱す
書き物
限り
限る
書き分ける
書き割り
書く
欠く
格上げ
角刈り
隠し芸
隠し事
隠し立て
隠す
格付＊
画引き
楽屋落ち
隠れる
掛け
欠け
掛け合い
掛け合う
駆け足
掛け売り
掛け襟
駆け落ち
掛け替え
掛けがね
掛金＊
掛け声
駆け込む

掛け算
掛け軸
掛け図
掛け捨て
駆け出し
駆け出す
掛け茶屋
掛け取り
掛け値
懸け橋
駆け引き
陰干し
駆け回る
掛け持ち
掛け物
陰り
掛ける
欠ける
駆ける
架ける
懸ける
陰る
囲い
囲う
過誤払
囲み
囲む
傘立て
重なる
重ね着
重ねる
風向き
飾り
飾り棚
飾り付け
飾る
貸し
貸方
貸切り＊
貸金＊
賢い
賢がる
賢さ
貸越し＊
貸越金
貸し下げ
貸室
貸席
貸倒れ＊
貸倒引当金
貸出し＊
貸出金
貸出票
貸し出す
貸地
貸賃
貸付け＊
貸付金
貸手
かじ取り
貸主
貸船
貸本
貸間
貸家
箇条書
貸渡業
貸す
かす漬け
嫁する
課する
賀する
風当たり
稼ぎ
稼ぎ高
稼ぎ人
稼ぐ
風通し
風邪引き
数え年
数える
肩上げ
固い
堅い
硬い
難い
型絵染
片思い
肩書
肩代わり
敵討ち
堅苦しい
片言交じり
肩凝り
固さ
硬さ
肩透かし
片付く
片付ける
片手落ち
塊
固まる
傾き
傾く
傾ける
固め
固める
型破り
偏り
偏る
語らい
語らう
語り合う
語り草
語り手
語り物
語る
傍ら
片割れ
片割れ月
勝ち
勝ち戦
勝ち気
勝ち星
勝ち負け
勝ちみ
勝つ
且つ
担ぐ
勝手口
勝手に
門付け
門並み
蚊取り線香
仮名書き
金切り声
悲しい
悲しがる
悲しげ
悲しさ
金縛り
悲しみ
悲しむ
仮名遣い
仮名付き
奏でる
仮名交じり
必ず
必ずしも
金入れ
金貸し
金遣い
金包み
金詰まり
金回り
金持ち
兼ねる
彼〔かの〕
彼女
かば焼き
株分け
壁掛け
壁塗り
構う
構え
構える
鎌倉彫
構わない
髪洗い
紙入れ
髪飾り
紙切れ
紙包み
紙挟み
髪結い
醸し出す
醸す
通い
通い帳
通う
通わす
空揚げ
辛い
唐織
枯らす
ガラス切り
絡まる
空回り
辛み
絡み付く

絡む
仮
借り
刈り
狩り
狩り犬
刈り入れ
借入れ＊
借入金
借り入れる
借受け＊
借受人
借り受ける
借換え＊
借り貸し
借方
借り着
借り切る
借り越し
借越金
刈り込み
刈り込む
仮住まい
駆り立てる
借り手
刈取り＊
仮に
刈取機
仮縫い
借主
狩り場
借り物
借りる
仮渡金
刈る
狩る
駆る
軽い
軽々しい
軽々と
軽焼き
彼〔かれ〕
枯れ枝
枯れ木
枯れ草
枯れ野
枯れ葉
彼ら
枯れる
辛うじて
軽やかだ
軽んずる
川遊び
乾かす
渇き
皮切り
渇く
乾く
川越し
交わす
川沿い
川伝い
川開き
川向こう
代わり
換わり
替わり
変わり
変わり種
変わり者
代わる
換わる
替わる
変わる
考え
考え方
考え直す
考える
缶切＊
感じる
感ずる
甲高い
感づく
缶詰
芳しい
芳しさ
頑張る

〔き〕

気合
来合わせる
黄色い
気受け
消える
気後れ
機械編み
着替え
気掛かり
気兼ね
気構え
気軽だ
気変わり
聞き誤る
聞き合わせる
聞き入れる
聞き納め
聞き落とし
聞き覚え
聞き書き
聞き方
聞き苦しい
聞き込み
聞き過ごす
聞き捨て
聞き違い
聞き伝え
聞き手
聞き取る
聞き耳
効き目
聞き物
聞き役
木切れ
聞き分ける
利く
効く
聞く
聴く
気配り
木組み
気組み
期限付＊
聞こえ
聞こえる
兆し
兆す
刻み
刻む
岸伝い
築き上げる
築く
傷つく
傷つける
着せる
競う
鍛え方
鍛える
来す
気立て
汚い
汚らしい
北向き
来る
気遣う
気疲れ
気付く
着付け
気付
喫する
切手
切符
気詰まり
気取り
気抜け
絹張り
木登り
気乗り
黄ばむ
気晴らし
厳しい
厳しさ
木彫り
気任せ
気まぐれ
決まり
決まる
気短だ
決め
決め手
決める
気持ち
客扱い
客止め
客引き
逆戻り
気休め
休暇願
急だ
清い
京染め

曲乗り
清まる
清める
清らかだ
嫌い
嫌う
切らす
切り
切上げ＊
切り上げる
切り売り
切替え＊
切替日
切り替える
切り株
切り紙
切り髪
切り刻む
切り傷
切りくず
切り口
切り子
切り口上
切り込む
切下げ＊
切り下げる
切捨て＊
切り捨てる
切り炭
切り出す
義理立て
切り妻造り
切り詰める
切土＊
切り通し
切取り＊
切り取る
切り抜き
切り抜く
切り抜ける
切り花
切離し＊
切り張り
霧吹き
切り札
切り干し
切り回す
切り身
切り盛り
切る
着る
切れ
切れ味
切れ切れだ
切れ込み
切れ続き
切れ端
切れ目
切れる
際
際立つ
極まり
窮まり
極まる
窮まる
極み
窮み
窮め
極め付き
極めて
極める
窮める
究める

〔く〕

具合
悔い
食い合う
食い上げ
食い荒らす
悔い改める
食い合わせ
食い意地
食い入る
食い込み
食い込む
食い過ぎ
食い倒す
食い倒れ
食い違い
食い違う
食い付く
食い道楽
食い逃げ
食い延ばす
食い物
悔いる
食う
遇する
くぎ付け
くぎ抜き
区切り
句切り
区切る
句切る
臭い
草刈り
臭さ
草取り
草深い
臭み
腐らす
腐り
腐る
腐れ縁
（ふて）腐れる
草分け
くし刺し
くじ引
くじ引券
崩し書き
崩す
崩れる
砕く
砕ける
下さる
下し
下し薬
下す
下り
下り坂
下り列車
下る
口開け
口当たり
口入れ
朽ち木
口利き
口切り
口答え
口出し
口頼み
口付き
口伝え
口止め
口直し
朽ち葉
朽ち果てる
口ぶり
口減らし
口汚し
朽ちる
覆す
覆る
靴下留＊
靴擦れ
靴直し
靴磨き
配る
首飾り
組（赤の組）
組み
（活字の組み）
組合
組合せ＊
組み合わせる
組入れ＊
組み入れる
組み討ち
組替え＊
組み替える
組み方
酌み交わす
組曲
組み込む
組み写真
組立て＊
組立工
組み立てる
組長
くみ取便所＊
組み版
組み物
組む
酌む
雲隠れ
雲行き
曇らす
曇り
曇り空

曇る
悔しい
悔しがる
悔し泣き
悔やみ
悔やみ状
悔やむ
位
暗い
位する
位取り
蔵入れ
食らう
暗がり
暮らし
倉敷料
暮らし向き
暮らす
蔵出し
蔵払い
蔵開き
比べる
暗やみ
倉渡し
繰上げ＊
繰上償還
繰り上げる
繰り合わせ
繰り合わせる
繰入れ＊
繰入金
繰入限度額
繰入率
繰り入れる
繰替え＊
繰替金
繰り返し
繰り返す
繰越し＊
繰越金
繰り言
繰り込む
繰下げ＊
繰り下げる
繰り出す
繰延べ＊
繰延資産
繰り延べる
繰戻し＊
来る
繰る
狂い
狂い咲き
狂う
狂おしい
苦しい
苦しがる
苦しさ
苦し紛れ
苦しみ
苦しむ
苦しめる
車止め
車寄せ
狂わしい
狂わす
暮れ
暮れ方
暮れる
黒い
黒焦げ
黒さ
黒ずむ
黒塗り
黒光り
黒み
黒焼き
加える
詳しい
詳しさ
食わす
食わず嫌い
食わせ物（者）
企て
企てる
加わる

〔け〕

毛織物
汚す
汚らわしい
汚れ
汚れる
消印
消しゴム
消し炭
消し止める
消す
削りくず
削る
けた違い
決して
欠席届
月賦払
毛並み
毛抜き
煙い
煙
煙る
険しい
現金払
検査済証
検定済み
原動機付自転車
見当違い
現に

〔こ〕

小商い
恋
濃い
請い
恋い焦がれる
恋しい
恋しがる
恋い慕う
恋する
恋人
恋文
恋う
請う
神々しい
校正刷り
碁打ち
被る
小売
小売商
肥
声変わり
肥える
越える
超える
氷
凍り付く
氷詰め
凍る
子飼い
木隠れ
焦がす
木枯らし
焦がれる
小刻み
小切手
焦げ茶色
こけら落とし
焦げる
凍え死に
凍え死ぬ
凍える
九つ
心当たり
心当て
心得違い
心得る
心覚え
心掛け
心構え
心変わり
心組み
志
志す
心頼み
心付く
心尽くし
心付け
心積もり
心細い
心任せ
心待ち
試み
試みに
試みる
心持ち
快い
濃さ
こし入れ
腰折れ
腰掛け
腰だめ
腰抜け

越す
超す
答え
答える
木立
小作り
小包
言付かる
言付ける
言づて
異なる
事始め
断り
断り状
断る
好ましい
好み
好む
好もしい
拒む
御飯蒸し
昆布巻き
小降り
小振り
御幣担ぎ
細かい
細かだ
困り者
困る
込み合う
込み上げる
ごみ取り
込む
込める
五目並べ
子持ち
こも包み
子守

肥やし
肥やす
御用納め
御用聞き
御用始め
懲らしめる
凝らす
懲らす
凝り
凝り固まる
凝り性
懲りる
凝る
転がす
転がる
転げる
殺し
殺す
転ぶ
怖い
怖がる
壊す
壊れる
根比べ
献立
根負け

〔さ〕

幸い
幸いだ
幸いに
遮る
逆恨み
栄え
栄える
逆落とし
逆さ
捜し当てる

捜し出す
捜し物
捜す
探す
逆立ち
逆立てる
逆巻く
酒盛り
逆らう
盛り
下がり
盛り場
盛る
下がる
盛んだ
盛んに
先
咲き
先駆け
先借り
先立つ
先取り
先取特権
先走り
先走る
先払い
先触れ
先回り
咲き乱れる
先行き
先渡し
先んずる
咲く
裂く
割く
作付け
作付面積
桜狩り

探り
探り足
探る
下げ
酒好き
酒飲み
叫び
叫び声
叫ぶ
裂け目
裂ける
避ける
下げる
提げる
下げ渡し
下げ渡す
支え
支える
刺さる
差し上げる
差し当たり
刺し網
差し入れ
差し入れる
挿絵
差し置く
差押え＊
差押命令
差し押さえる
差し掛かる
差し金
挿し木
桟敷
座敷
差し込み
差し込む
刺し殺す
差し障り

指図
差し迫る
差し出し口
差出人
差し出す
差し支え
差し支える
差し出口
差止め＊
差し止める
差し伸べる
差し挟む
差し控える
差引き＊
差引勘定
差引簿
差し引く
刺身
差し向かい
差し向き
差戻し＊
差し戻す
差し渡し
刺す
差す
指す
挿す
授かる
授ける
誘い
誘い水
誘う
定かだ
定まり
定まる
定め
定めし
定めて

定める
札入れ
座付き
五月晴れ
砂糖入り
砂糖漬*
里帰り
諭し
諭す
悟り
悟る
裁き
裁く
寂しい
寂しがる
寂しげだ
さび止め
寂れる
冷ます
覚ます
妨げ
妨げる
寒い
寒がる
冷める
覚める
皿洗い
更に
去る
騒がしい
騒がす
騒ぎ
騒ぐ
触る
障る
三色刷り

〔し〕

試合
仕上がり
仕上げ
仕上機械
仕上工
幸せ
幸せだ
虐げる
強いる
仕入れ
仕入価格
仕入先
仕打ち
塩辛い
仕送り
潮煙
仕納め
塩断ち
塩漬け
潮干狩り
塩引き
塩蒸し
塩焼き
仕返し
仕掛花火
仕掛品
地固め
時間割
敷居
敷石
敷金
敷地
敷布
敷物
仕切り
敷く
軸受
字配り
仕組み
茂み
茂る
仕込み
支出済額
静かだ
静けさ
静々と
静まる
鎮まる
沈む
沈める
静める
鎮める
仕損じ
慕う
下請*
下請工事
舌打ち
従う
従える
下書き
仕出し
親しい
下敷き
親しく
親しさ
親しみ
親しむ
仕出屋
下調べ
舌足らず
滴り
滴る
下積み
仕立て
仕立て上がり
仕立券
下手投げ
仕立物
仕立星
下縫い
下塗り
下働き
下回る
下向き
下読み
慕わしい
質入れ
質入証券
実に
字詰め
支店詰
品切れ
品定め
地鳴り
死に顔
死に金
死に際
死に絶える
死に時
死に場
死に恥
死に花
死に水
死に目
死に物狂い
死に別れ
死ぬ
忍ばせる
忍び
忍び足
忍び歩き
忍び込む
忍び泣き
忍びやかだ
忍ぶ
支払
支払人
支払元受高
支払う
縛る
字引
地引き網
地響き
渋い
渋さ
渋抜き
渋塗り
渋み
渋る
絞り
絞り上げる
絞り染め
絞る
搾る
仕舞
締まり
閉まる
絞まる
締まる
地回り
染み
染み抜き
染みる
仕向地
事務取扱
事務引継
しめ飾り
締切り*
締切日
締め切る

締めくくり
示し
示し合わせる
湿す
示す
締め出す
湿らす
湿り
湿る
占める
閉める
絞める
締める
霜枯れ
下肥
霜降り
霜焼け
臭気止め
十人並み
朱塗り
春慶塗
条件付＊
条件付採用
性懲りもなく
状差し
精進揚げ
使用済み
使用済燃料
称する
正札付き
徐々に
暑中伺い
所得割
白ける
知らせ
調べ
調べる
白む

白焼き
知り合い
知り合う
しり上がり
しり押し
しり切れ
退く
退ける
知る
印
記す
知るべ
知れる
白い
白光り
仕分＊
進行係
進退伺
陣立て
寝殿造り
信用貸し

〔す〕

酸い
吸い上げ
吸い上げる
吸い殻
吸い口
吸い込む
吸い出す
吸い取る
吸い物
吸う
据置き＊
据置期間
据置貯金
据え置く
末頼もしい

据付け＊
据え付ける
末っ子
据える
透かし
透かし彫り
透かす
好き
透き写し
好き嫌い
透き通る
杉並木
透き間
透き見
すき焼き
過ぎる
好く
透く
救い
救い主
救う
巣くう
少ない
少なからず
少なくとも
優れる
助太刀
透ける
少し
少しも
過ごす
健やかだ
筋合い
筋書
筋違い
筋向こう
涼しい
涼しさ

すす掃き
すす払い
進み
涼み
涼み台
進む
涼む
勧め
進め
勧める
進める
薦める
すすり泣き
巣立ち
巣立つ
廃る
廃れる
酢漬け
酸っぱい
捨て石
捨て売り
捨て金
捨て子
捨てぜりふ
既に
捨て値
捨場＊
捨て鉢
捨て身
捨てる
素通し
素通り
砂遊び
砂書き
砂煙
素早い
滑り
滑る

統べる
住まい
住まう
澄まし顔
澄ます
済ます
済み
住み込み
住み込む
墨染め
炭取り
速やかだ
炭焼き
住む
澄む
済む
素焼き
刷り
刷り上がり
刷り上がる
擦り傷
すり減らす
刷り物
刷る
擦る
鋭い
鋭さ
擦れる
据わり
座込み＊
座る
据わる
寸法書き

〔せ〕

背比べ
背負い投げ
背負う

席貸し
せき止め
関取
関守
切に
瀬戸引き
背中合わせ
銭入れ
背伸び
狭まる
狭める
瀬踏み
狭い
狭苦しい
迫る
責め
攻め落とす
責め道具
攻める
責める
競り合い
競り合う
競り市
競り売り
競る
世話焼き
千切り
栓抜*
千枚通し

〔そ〕

添い寝
沿う
添う
総掛かり
ぞうげ彫り
倉庫荒らし
候文
添え書き
添え乳
添え手紙
添え物
添える
俗受け
即時払い
底積み
損なう
底抜け
損ねる
底冷え
底光り
注ぐ
唆す
育ち
育つ
育ての親
育てる
外囲い
外構え
外回り
備え
備置き*
備付け*
備付品
備え付ける
供え物
供える
備える
備わる
染まる
背く
背ける
染め
・・・染
（工芸品）
染め上がり
染め上げる
染め色
染め替え
染め返し
染め返す
染め替える
染め粉
染め付け
染め直す
染め抜く
染物*
染める
空合い
反らす
空頼み
空泣き
空喜び
反り
反る
添わる
存じます

〔た〕

体当たり
代替わり
代金引換
大した
大して
平らかだ
平らげる
平らだ
田植*
堪え忍ぶ
絶えず
絶え間
堪える
絶える
耐える
倒す
倒れる
高い
互い
互い違い
互いに
たか狩り
高跳び
高ぶる
高まり
高まる
高める
耕す
高らかだ
高笑い
抱き合う
抱き合わせ
抱き込み
抱き込む
炊き出し
たき付け
炊く
抱く
宅扱い
巧みだ
手繰る
蓄え
蓄える
足し
出し入れ
確かさ
確かだ
確かに
確かめる
出し汁
出し物
足す
出す
助かる
助け
助け船
助ける
携える
携わる
尋ね人
尋ねる
訪ねる
戦い
闘い
戦う
闘う
正しい
ただし書
正しさ
正す
直ちに
畳
畳表
畳替え
畳む
漂う
漂わす
立会い*
立会演説
立会人
立ち会う
立ち上がり
立ち上がる
立ち居
裁ち板
立ち居振る舞い
立入り*
立入禁止
立入検査
立ち入る
太刀打ち

立ち売り
立ち往生
立ち後れ
立ち泳ぎ
立ち枯れ
立ち木
立ち消え
立ち聞き
断ち切る
立ち食い
立ち腐れ
立ち去る
立ち続け
立ち所に
立ち止まる
立ち直り
立ち直る
立ち並ぶ
裁ち縫い
立ち退き先
立ち退く
立場
立ち働く
立ち話
立ち番
立ち回り
立ち回り先
立ち回る
立ち見
立見席
裁ち物
立ち役
立ち寄る
建つ
断つ
裁つ
絶つ
立つ
田作り
立つ瀬
尊い
貴い
尊ぶ
貴ぶ
竜巻
・・・立て
立て板
立替え＊
立替金
立替払
立て替える
縦書き
立て掛ける
立て看板
建具
立て込む
立て付け
立て続け
建坪
建て直し
立て直し
立て直す
建値
立て場
立て引き
立てひざ
立札＊
建前
建て増し
奉る
建物
立て役者
建てる
立てる
例え
例えば
例え話
例える
棚上げ
たな卸し・棚卸し
棚卸資産
種明かし
種切れ
種取り
楽しい
楽しがる
楽しげだ
楽しさ
楽しみ
果しむ
頼み
頼む
頼もしい
手挟む
束ねる
度重なる
旅立ち
旅立つ
旅疲れ
食べかけ
食べ盛り
食べ過ぎ
食べ残し
食べ物
食べる
卵焼き
玉突き
玉乗り
霊祭り
黙り込む
黙る
賜る
手向け
駄目押し
試し
試す
矯め直す
矯める
保つ
絶やす
便り
頼り
頼る
たらい回し
垂らす
足りる
足る
垂れる
戯れ
戯れる
段違い
段取り

〔ち〕

小さい
小さな
知恵比べ
誓い
近い
違い
誓い言
違い棚
誓う
違う
違える
近く
近しい
近々
近づき
近づく
近づける
近回り
近寄る
力落とし
力比べ
力添え
力付ける
力任せ
力負け
力持ち
契り
契る
血煙
千々に
縮まる
縮む
縮める
縮らす
縮れ毛
縮れる
血続き
血止め
乳飲み子
乳離れ
血祭り
血迷う
茶入れ
茶漬け
茶摘み
茶飲み茶わん
茶話
茶わん蒸し
宙返り
帳消し
徴収済額
帳付け
腸詰め
ちょう結び
散らかす

散らかる
散らし書き
散らし髪
散らす
散らばる
散り散りに
ちり取り
散る
賃上げ
賃貸し
賃借り

〔つ〕

費え
費える
次いで
費やす
通行止め
通常払い
使い
使い方
使い込み
使い込む
使い手
使い果たす
使い古す
使う
遣う
仕える
(愛想を)
　尽かす
捕まえる
捕まる
疲らす
漬かる
疲れ
疲れる
遣わす

突き
次〔つぎ〕
継ぎ
付き合い
付き合う
突き当たり
突き合わせる
継ぎ合わせる
月後れ
月遅れ
突き落とす
月掛＊
月掛貯金
接ぎ木
月ぎめ
付添い＊
付添人
付き添う
継ぎ足し
突き出す
月足らず
次々に
突き付ける
突き詰める
継ぎ手
突き通す
突き飛ばす
突き止める
月並み
次に
突き抜ける
尽き果てる
突き放す
月払＊
継ぎ目
築山
尽きる
月割り

付く
突く
着く
就く
次ぐ
接ぐ
継ぐ
尽くす
償い
償う
作り
造り
作り方
作り事
造り酒屋
作り付け
作り直し
作り話
作り物
作り笑い
作る
造る
繕い
繕い物
繕う
付け
・・・付け
付け合わせる
告げ口
付け加える
付け足し
付け届け
漬け菜
漬物
付け焼き
付け焼き刃
付ける
就ける

着ける
漬ける
告げる
伝う
伝え
伝える
伝わる
培う
土煙
土運び
突っ返す
続き
続き物
突っ切る
続く
続ける
突っ込む
慎み
慎む
謹む
謹んで
筒抜け
突っ張る
包み
包み紙
包む
集い
集う
勤まる
務め
勤め
勤め口
勤め先
努めて
勤め人
努める
務める
勤める

綱引き
綱渡り
常に
角突き合い
募る
つぼ焼き
つまみ食い
詰まる
詰み
積卸し＊
積卸施設
積替え＊
積み替える
積み木
積み金
摘み草
積み肥
積込み
積出し
積出地
積立て
積立金
積み立てる
罪作り
積付け＊
積荷
積み残し
罪滅ぼし
摘む
積む
詰む
紡ぐ
つむじ曲がり
詰め合わせ
詰め合わせる
詰め襟
詰め替え
詰め替える

詰め掛ける
詰め込む
詰所
詰め将棋
冷たい
冷たさ
詰め腹
詰め物
詰め寄る
詰める
積もり
積もる
梅雨明け
露払い
梅雨晴れ
強い
強がる
強まる
強み
強める
面構え
連なる
貫く
連ねる
釣り
釣合い*
釣り上げる
釣り糸
釣鐘*
釣りざお
釣銭*
釣り棚
釣り手
釣り道具
釣針*
釣り舟
釣堀
釣る
連れ
連れ合い
連れ子
連れ添う
連れ立つ
連れ弾き
連れる

〔て〕

手合い
出会い頭
出合う
手厚い
手当
手編み
手洗い
手荒い
手洗い所
手合わせ
出入り
出入り口
手入れ
手打ち
手討ち
手打ちそば
手負い
手後れ
手押し車
手落ち
手踊り
手掛かり
手懸かり
出掛け
出掛ける
出稼ぎ
手堅い
出語り
手軽だ
出来合い
出来上がり
出来上がる
出来心
出来事
適切だ
出来高払
出来栄え
手切れ
手切れ金
手配り
手ごたえ
出盛り
手探り
手提げ
手ずから
出過ぎ
手刷り
出初め式
手出し
手助け
手違い
手近だ
手付き
手作り
手付け
手付金
手伝い
手伝う
手続*
出っ張る
手釣り
手取り
手取り金
手直し
手並み
手習い
手縫い
手抜かり
手始め
出始め
手放し
手放す
手控え
手引
手引書
手振り
手招き
手回し
手回り
手回品
出回る
手短に
手向かい
出迎え
手持ち
手持品
手盛り
照らし合わす
照らし合わせる
照らす
寺参り
照り
照り返し
照り焼き
照る
出る
照れる
手分け
手渡し
田楽刺し
天引き

〔と〕

度合い
問い
問い合わせ
問い合わせ状
問い合わせる
問いただす
問屋〔といや〕
問う
胴上げ
道具立て
同士討ち
胴締め
当世向き
灯台守
尊い
貴い
尊ぶ
貴ぶ
頭取
胴震い
胴巻き
胴回り
遠い
遠く
遠ざかる
遠ざける
通し
通し切符
通し狂言
通す
通のく
遠乗り
遠巻き
遠回し
遠回り
通り
通り雨
通り掛かり
通り掛かる
通り過ぎる

通り相場
通り抜け
通り抜ける
通り道
通る
ト書き
溶かす
解かす
時折
解き方
説き伏せる
時めく
解き物
溶く
解く
説く
研ぐ
毒消し
毒づく
解け合う
溶ける
解ける
遂げる
床上げ
床飾り
所書き
閉ざす
年越し
閉じ込める
戸締まり
年回り
年寄り
閉じる
年忘れ
嫁ぎ先
嫁ぐ
届く
届け

・・・届
（欠席届）
届け先
届け書
届け済み
届出＊
届け出る
届ける
滞り
滞る
整う
調う
整える
調える
唱える
隣
隣り合う
隣村
飛ばす
飛び上がる
跳び上がる
飛び石
飛び入り
飛び交う
飛び切り
飛び込み
飛び込む
飛び出しナイフ
飛び出す
飛び立つ
飛び地
飛び道具
飛び乗る
飛び火
飛び回る
土俵入り
土瓶蒸し
飛ぶ

跳ぶ
乏しい
乏しさ
富ます
戸惑い
止まり
泊まり
留まり
泊まり掛け
止まり木
泊まり客
止まる
泊まる
留まる
富
富み栄える
富む
弔い
弔う
留め置き
留置電報
留め針
止める
泊める
留める
共稼ぎ
共切れ
共食い
共倒れ
友釣り
伴う
供回り
度盛り
土用干し
土用休み
捕らえる
とらの巻
捕らわれる

取り合う
取上げ＊
取り上げる
取扱い＊
取扱所
取扱高
取扱注意
取扱人
取扱品
取扱法
取り扱う
取り合わせ
取り入る
取り入れ
取入口
取り入れる
鳥撃ち
取り柄
取り押さえる
取卸し＊
取替え＊
取替品
取り替える
取り掛かる
取り囲む
取り片付ける
取決め＊
取り決める
取崩し＊
取り崩す
取り口
取組
取り組む
取消し＊
取消し記事
取消処分
取り消す
取り込み

取り込む
取壊し＊
取り壊す
取下げ＊
取り下げる
鳥刺し
取りぎた
取締り＊
取締法
（麻薬～）
取締役
取り締まる
取調べ＊
取り調べる
取り高
取立て＊
取立金
取立訴訟
取り立てる
取り違える
取次ぎ＊
取次店
取り次ぐ
取付け＊
取付工事
取り付ける
捕り縄
取り残し
取り残す
取り除く
取り計らい
取り計らう
取り運び
取り運ぶ
取り払い
取り払う
取引
取引所

取り分	泣かす	鳴く	懐く	鳴らす	
取り巻き	鳴かす	慰み	名付け	慣らす	
取り巻く	流す	慰む	名付け親	並び	
取り乱す	仲立業	慰め	懐ける	並び大名	
取り持ち	仲立人	慰める	名付ける	並び立つ	
取り持つ	中継ぎ	亡くす	夏負け	並びに	
取戻し*	長続き	無くす	夏向き	並ぶ	
取り戻す	中積み	亡くなる	夏休み	並べる	
取戻請求権	仲直り	無くなる	名取り	習わし	
捕り物	半ば	殴り合い	七つ	鳴り	
取り寄せる	仲働き	殴り込み	七曲がり	成り上がり	
取り分け	長引く	殴る	斜め	成り上がる	
取る	眺め	投げ足	斜めに	成金	
採る	眺める	投げ入れ	何	成り下がる	
執る	長らえる	投げ入れる	名のる	成り立ち	
撮る	流れ	投売り*	生揚げ	成り立つ	
捕る	流れ込む	投売品	怠け者	鳴り物入り	
取れ高	流れ造り	投げ掛ける	怠ける	成り行き	
泥仕合	流れ星	嘆かわしい	生々しい	成る	
度忘れ	流れる	嘆き	生煮え	鳴る	
問屋〔とんや〕	長患い	嘆く	生焼け	鳴子	
	泣き	投げ込む	生酔い	慣れ	
〔な〕	鳴き	投げ捨て	並	なれ合い	
亡い	泣き顔	投げ捨てる	並足	慣れる	
無い	泣き暮らす	投げ出す	波打ち際	縄編み	
直し	泣き声	投げ付ける	並木	縄跳び	
直す	鳴き声	投げ飛ばす	涙ぐましい	縄張	
治す	泣き言	投げやり	涙ぐむ		
直る	泣き叫ぶ	投げる	波立つ	〔に〕	
治る	泣き沈む	和む	並の品	似合い	
名折れ	泣き上戸	和やかだ	滑らかだ	荷揚げ	
長い	泣き寝入り	名残	悩ましい	荷扱場	
永い	亡き人	情け	悩ます	荷受け	
長生き	鳴きまね	名指し	悩み	荷受人	
仲買	泣き虫	成し遂げる	悩む	煮え	
仲買人	泣き別れ	成す	習い	煮え返る	
流し	泣き笑い	懐かしい	習う	煮え立つ	
流し込む	泣く	懐かしむ	倣う	煮え湯	

煮える
苦い
二階建て
二階造り
逃がす
苦々しい
苦み
似通う
苦り切る
苦笑い
握り
握りこぶし
握りずし
握り飯
握る
憎い
肉入り
肉入れ
肉切り
憎げ
憎さ
憎しみ
肉付き
憎まれ口
憎み
憎む
憎らしい
逃げ
逃げ足
逃げ口上
逃げ腰
逃げ支度
逃げ出す
逃げ回る
逃げ道
逃げる
濁す
濁らす
濁り
濁り酒
濁り水
濁る
西陣織
西向き
似せる
煮出し汁
二段抜き
似つかわしい
荷造り
荷造機
荷造費
煮付け
荷積み
二頭立て
担う
二の替わり
二の次
二の舞
鈍い
鈍さ
鈍らす
鈍る
煮干し
二本立て
（業を）煮やす
似寄り
似る
煮る
にわか仕込み
庭伝い
人気取り

〔ぬ〕

縫い
縫い上げ
縫い上げる
縫い糸
縫い返し
縫い返す
縫い方
縫い込み
縫い込む
縫い取り
縫い目
縫い物
縫い紋
縫う
抜かす
ぬか喜び
抜かり
抜かる
抜き足
抜き打ち
抜き襟
抜き書き
抜き差し
脱ぎ捨てる
抜き出す
抜き手
抜取り＊
抜き取る
抜き身
抜き読み
抜く
脱ぐ
抜け穴
抜け駆け
抜け殻
抜け替わる
抜け毛
抜け出す
抜け道
抜け目
抜ける
脱げる
盗み
盗み足
盗み聞き
盗み食い
盗み取る
盗み読み
盗む
塗り
・・・塗
（工芸品）
塗り上げる
塗り替え
塗り方
塗り薬
塗りげた
塗り立てる
塗り机
塗り付ける
塗り盆
塗り物
塗る

〔ね〕

値上がり
値上げ
寝入りばな
寝入る
値打ち
寝起き
願い
・・・願
（休暇願）
願い上げる
願い事
願い下げ
願い下げる
願い出
願い出る
願う
寝返り
寝かす
願わくは
願わしい
寝込み
寝込む
値下がり
値下げ
根ざす
ねじ回し
寝過ごす
ねずみ取り
根絶やし
寝付き
値積もり
寝泊まり
粘り
粘り強い
粘り強さ
粘る
寝冷え
値引き
値踏み
根掘り葉掘り
寝巻き
眠い
眠がる
眠気
眠たい
眠らす
眠り
眠り薬
眠る
ねらい撃ち
練り
練り糸

練り絹
練り直し
練り直す
練歯磨
練りようかん
寝る
練る
練れる
根分け
念入り
懇ろだ

〔の〕

野遊び
野荒らし
能書き
納付済期間
逃す
逃れる
軒並み
残し
残す
残り
残り物
残る
乗せる
載せる
除く
野育ち
望ましい
望み
望み薄だ
望む
臨む
後添い
伸ばす
延ばす
野放し
伸び
延び
伸び上がる
伸び縮み
伸びる
延びる
延べ
延べ金
延べ人員
延べ坪
延べ日数
延べる
述べる
上す
上せる
上らす
上り
登り
上り下り
登り口
上り坂
上り列車
上る
登る
昇る
飲みかけ
飲み食い
飲み薬
飲み込む
飲み倒す
飲み手
のみ取り粉
飲み逃げ
飲み干す
飲み水
飲物＊
飲み屋
飲む
乗り合い
乗合船
乗合旅客
乗り合わせる
乗り入れ
乗り入れる
乗り移る
乗り降り
乗換え＊
乗換駅
乗換券
乗り換える
乗り掛かる
乗り気
乗り切る
乗組み＊
乗組員
乗り組む
乗り越える
乗り越し
乗り越す
乗り込む
乗り出す
乗りづめ
乗り手
のり巻き
乗り回す
乗り物
乗る
載る

〔は〕

場合
場当たり
灰落とし
配当付き
はい取り
はい取り紙
灰吹き
倍増し
倍増し料金
入る
歯入れ
栄えある
生え抜き
生える
映える
栄える
羽織
羽交い締め
化かす
博多織
墓参り
計らい
計らう
図らずも
測り
計り
量り
量り売り
図る
測る
計る
量る
謀る
諮る
吐き気
吐き出し
掃き立て
掃きだめ
履物
歯切れ
吐く
掃く
履く
激しい
激しさ
励まし
励ます
励み
励む
化け物
化ける
箱入り
箱入り娘
箱書き
運び
運ぶ
挟まる
挟み打ち
挟む
恥
恥じ入る
端書き
恥さらし
端近だ
橋詰め
始まり
始まる
始め
初め
初めて
始める
恥じらい
恥じらう
走り
走り書き
走り使い
走る
恥じる
恥ずかしい
辱め
辱める
外す

弾み
弾む
外れる
肌合い
機織り
畑違い
肌寒い
肌触り
果たし合い
果たし状
果たして
果たす
肌脱ぎ
旗持ち
働かす
働き
働き盛り
働き手
働きばち
働く
罰当たり
鉢合わせ
鉢植え
鉢巻き
初恋
発行済株式
初氷
初刷り
初便り
果て
果てしない
果てる
歯止め
花合わせ
花曇り
花盛り
話
話合い＊
話し相手
話し合う
放し飼い
話し方
話好き
話し手
放す
話す
離す
花立て
花便り
放つ
花尽くし
花作り
花摘み
甚だ
甚だしい
華々しい
花祭り
花結び
華やかだ
華やぐ
歯並び
離れ
離れ座敷
離れ島
離れ家
放れる
離れる
離れ業
羽飾り
跳ね回る
跳ねる
阻む
省く
葉巻
浜伝い
浜焼き
歯磨き
歯磨粉
早い
速い
早打ち
早撃ち
早起き
早帰り
早変わり
速さ
早咲き
早死に
生やす
早まる
早める
速める
はやり廃り
腹当て
払い
払込み＊
払込期日
払込金
払い込む
払下げ＊
払下品
払い下げる
払出し＊
払出金
払い出す
払戻し＊
払戻金
払戻証書
払い戻す
払い物
払渡し＊
払渡金
払渡済み＊
払い渡す
払う
腹帯
腹掛け
腹切り
腹下し
腹黒い
晴らす
腹立ち
腹違い
張り
張り合い
張り替え
張り切る
張り子
張り込み
張り込む
張り裂ける
針刺し
張り出し
張出小結
張り出す
張る
春めく
晴れ
晴れ着
晴れ間
晴れやかだ
晴れる
刃渡り
番組
番狂わせ
半殺し
番付
判取り帳

〔ひ〕

干上がる
火遊び
日当たり
秀でる
火入れ
火入れ式
火打ち石
冷え
冷え性
冷える
控え
控室
控え目
日帰り
控える
日掛け
引かされる
引かす
光らす
光
光り輝く
光る
引き
引き合い
引上げ＊
引揚げ＊
引揚者
引き上げる
引き揚げる
引当金
引き合わせ
引き合わせる
率いる
引き入れる
引受け＊
引受時刻
引受人
引き受ける
引起し＊
引き起こす

引換え＊
・・・引換
（代金引換）
引換券
引き返す
引き換える
引き金
引込み＊
引込線
引き込む
引き下がる
引下げ＊
引き下げる
引き算
引き潮
引き締まる
引締め＊
引き据える
引き出し
引き出す
引き立て
引き立てる
引継ぎ＊
引継事業
引継調書
引き継ぐ
引き続き
引き続く
引き綱
引き連れる
引き手
弾き手
引き出物
引き戸
引き止め策
引き止める
引取り＊
引取経費
引取税
引取人
引き抜き
引き抜く
引き伸ばし
引き延ばし
引き伸ばす
引き延ばす
引き払う
引き幕
引きまゆ
引き回し
引き回す
引き水
引き戻す
引き物
引き寄せる
引き分け
引渡し＊
引渡人
引き渡す
引く
弾く
低い
低さ
低まる
低める
日暮れ
引け
火消し
引け時
引け目
引ける
日盛り
日ざし
久しい
久しぶり
火攻め
火責め
備前焼
潜まる
潜む
潜める
浸す
左利き
左巻き
浸る
日付
引っ越し
引っ越す
引っ込み
引っ込み思案
引っ込む
羊飼い
引っ張りだこ
引っ張る
日照り
人集め
一打ち
一思い
一抱え
一重ね
人聞き
一切れ
人込み
人騒がせ
等しい
人死に
人助け
人頼み
人違い
一つ
人使い
一突き
人付き合い
一続き
一通り
人通り
一飛び
人泣かせ
人並み
一握り
一寝入り
一眠り
人払い
人減らし
人任せ
一回り
人見知り
一群れ
一巡り
一休み
人寄せ
独り
日取り
独り言
独り占め
独り立ち
独り者
ひな遊び
ひな祭り
火の気
日延べ
響かす
響き
響く
ひび割れ
秘める
冷や
冷や汗
冷やかし
冷やかす
冷や酒
冷やす
日雇＊
冷や水
冷や麦
冷や飯
冷ややかだ
日和
平謝り
平泳ぎ
開き
開き戸
開き直る
開き封
開く
開ける
平たい
平に
平家（平屋）建て
干る
翻す
翻る
昼下がり
昼過ぎ
昼休み
広い
拾い主
拾い物
拾い読み
拾う
広がり
広がる
広げる
広々と
広まる
広める
日割り
日割計算
瓶詰

貧乏揺すり

〔ふ〕

歩合
不意打ち
不意討ち
不入り
風変わり
封切り
封切館
封じ目
夫婦連れ
殖える
増える
深い
深入り
更かす
深情け
深まる
深み
深める
吹き上げる
吹き替え
吹き込み
吹き込む
吹きさらし
吹き出す
噴き出す
吹きだまり
吹き出物
吹き通し
吹き流し
吹き抜き
吹き降り
吹き寄せる
吹く
噴く
福引
福引券
含まる
含み
含む
含める
膨らみ
膨らむ
膨れる
袋縫い
老け役
老ける
更ける
伏し拝む
節付け
節回し
伏し目
伏す
防ぎ
防ぐ
伏せ字
伏せる
不確かだ
再び
二つ
札付き
縁取り
二日酔い
不釣合い
筆入れ
筆立て
太い
ぶどう狩り
太織り
不届き
歩留り＊
太る
船遊び
船着き
船着場＊
船積み
船積貨物
船乗り
船酔い
不慣れ
不似合い
不払＊
賦払＊
踏まえる
踏み石
踏み板
踏切
踏切番
踏み切る
踏み込む
踏み台
踏み倒す
踏み出す
踏み段
踏み付け
踏み外す
踏む
不向き
殖やす
増やす
冬枯れ
不行き届き
降らす
振り
降り
振り合い
振り落とす
振替
振り返る
振り仮名
振り切る
振り子
振込金
降り込む
振り捨てる
振りそで
振出し＊
振出局
振出人
振り出す
振り付け
降り積もる
振り回す
振り向く
振り分け
振り分ける
振る
降る
古い
震い
奮い立つ
奮う
震う
振るう
震え
震え声
震える
(使い) 古す
古びる
振る舞い
振る舞う
古めかしい
震わす
触れ
触れ合う
触れ太鼓
触れ回る
触れる
ふろしき包み
不渡り
不渡手形
分割払
分別盛り

〔へ〕

塀越し
べた組み
隔たり
隔たる
隔て
隔てる
別刷り
別だ
部屋住み
減らす
減り
減る
経る

〔ほ〕

砲丸投げ
棒立ち
棒引き
葬る
棒読み
帆掛け船
朗らかだ
誇らしい
誇り
誇る
欲しい
干し魚
干しがき
欲しがる
干し草
星回り
干し物
干す

細い
細引き
細る
蛍狩り
欲する
掘っ建て小屋
施し
施す
程遠い
穂並み
骨惜しみ
骨折り
骨組み
骨接ぎ
骨抜き
誉れ
褒め言葉
褒め者
褒める
彫り
・・・彫
(工芸品)
堀
彫り上げる
掘り返す
掘り出し物
掘り出す
掘抜井戸
彫り物
掘り割り
彫る
掘る
滅びる
滅ぶ
滅ぼす
ほろ酔い
盆踊り
本決まり
盆暮れ
本省詰
本店詰

〔ま〕

真新しい
舞
舞い上がる
舞扇
舞子
迷子
舞い込む
舞姫
舞い戻る
参る
舞う
前祝い
前受金
前売り
前置き
前書き
前掛け
前貸し
前貸金
前借り
前払*
前触れ
前向き
前渡し
間貸し
負かす
任す
任せる
賄い
賄う
曲がり
間借り
曲がり角
間借り人
曲がる
巻
巻上機
巻き上げる
巻き貝
巻紙
巻き髪
巻き舌
巻尺
巻き添え
巻付け*
巻取り*
巻き戻し
巻物
紛らす
紛らわしい
紛らわす
紛れ
紛れ込む
紛れる
巻く
幕切れ
まぐれ当たり
負け
負け戦
負け惜しみ
負け癖
負けじ魂
負けず嫌い
曲げ物
負ける
曲げる
孫引き
勝り劣り
混ざり物
勝る
混ざる
交ざる
増し
交える
交じらい
混じりけ
混じり物
混じる
交じる
交わり
交わる
増す
貧しい
貧しさ
交ぜ織り
混ぜ物
混ぜる
交ぜる
又
瞬く
又は
待合室
待ち合わせ
待ち合わせ時間
待ち合わせる
間違い
間違う
間違える
間近だ
待ち遠しい
待ち遠しさ
町並み
町外れ
待ち人
待ち伏せ
待つ
真っ赤
松飾り
真っ青
真っ盛り
真っ先
真っ白
全く
全うする
祭り
祭り上げる
祭る
惑い
惑う
窓掛け
的外れ
間取り
惑わす
学び
学ぶ
免れる
招き
招き猫
招く
目の当たり
間延び
真向かい
豆絞り
守り
守り袋
守り札
守る
迷い
迷い子
迷う
迷わす
丸洗い
円い
丸い
円さ
丸さ
円み

丸み
丸める
丸焼け
回し者
回す
回り
周り
回り合わせ
回り舞台
回り道
回り持ち
回る
真ん中

〔み〕

見合い
見合い結婚
見飽きる
見当たる
見合せ＊
実入り
身動き
見失う
身売り
見え
見え坊
見える
見送り
見送人
見納め
見落とし
見劣り
見覚え
見返し
見返り
見返物資
磨き粉
磨く
見掛け
見掛け倒し
身構え
身代わり
見聞き
見切り
見切り品
見比べる
見苦しい
見込み
見込額
見込数量
見込み違い
見込納付
見定める
短い
短夜
惨めだ
見知り越し
水遊び
水浴び
水洗い
水入れ
見据える
水掛け論
見透かす
自ら
水煙
水差し
水攻め
水責め
水張検査
水引
水浸し
水増し
水盛り
魅する
見せ掛け
店先渡し
見せ物
見せる
見損なう
見出し
満たす
乱す
見立て
乱れ
乱れ髪
乱れ箱
乱れる
見違える
身近だ
満ち潮
道連れ
導き
導く
道行き
満ちる
三つ〔みつ〕
三つ折り
三つ重ね
貢ぎ物
貢ぐ
三つ組み
身繕い
見付ける
三つ〔みっつ〕
見積り＊
見積書
見積もる
三つ指
見通し
見届ける
認め
認め印
認める
見取図
見直す
身投げ
見習＊
見習工
見慣れる
醜い
醜さ
峰越し
峰続き
見逃す
身の回り
実り
実る
見栄え
見計らい
見始め
未払＊
未払勘定
未払年金
見晴らし
見晴らし台
見晴らす
見張り
見張り番
身振り
身震い
見舞い
見舞品
見舞う
耳打ち
耳飾り
耳鳴り
耳寄り
身持ち
身元引受人
都落ち
都育ち
宮仕え
身寄り
見る
診る
見渡し

〔む〕

向かい
向かい合う
向かい合わせ
向かい合わせる
向かい風
向かう
迎え
迎え火
迎える
昔語り
昔話
向き
向き合う
麦打ち
向く
報い
報いる
向け
向ける
婿入り
向こう
向こう見ず
婿取り
蒸し暑い
蒸し返し
蒸し菓子
虫食い
蒸しずし
蒸しぶろ
虫干し
蒸し焼き

蒸す
難しい
難しさ
結び
結び目
結ぶ
むせび泣き
無駄遣い
無駄話
六つ〔むつ〕
六つ切り
六つ〔むっつ〕
胸騒ぎ
棟上げ
棟上げ式
棟割り長屋
群がる
蒸らす
群すずめ
無理強い
蒸れ
群れ
蒸れる
群れる
室咲き

〔め〕

目新しい
目当て
名義書換
目移り
目隠し
目掛ける
目利き
恵み
恵む
芽ぐむ
巡らす
巡り歩く
巡る
目刺し
目覚まし
目覚め
召し上がる
飯炊き
召し物
目印
めじろ押し
召す
珍しい
珍しがる
珍しさ
目立つ
目つき
目通り
目抜き
芽生える
目張り
目減り
女々しい
目盛り

〔も〕

設け
設ける
申し上げる
申合せ＊
申合せ事項＊
申し合わせる
申入れ＊
申し入れる
申し受ける
申し送り
申し送る
申込み＊
申込書
申し込む
申立て＊
申立人
申し立てる
申出＊
申し開き
申し分
申し訳
申し渡し
申し渡す
申す
燃え
燃え上がる
燃え殻
燃え盛る
燃え尽きる
燃え残り
燃える
潜り込む
潜る
若しくは
燃す
持ち上げる
持ち合わせ
持ち合わせる
持ち合わせ品
持家＊
用いる
持ち株
持ち越し
持ちごま
持込み＊
持込禁止
持ち出し
持ち出し禁止
持ち逃げ
持ち主
持ち場
持分＊
持ち前
持ち回り
持ち物
持ち寄る
持つ
最も
専ら
もつ焼き
持て余す
基
〔もと、もとい〕
元請＊
元受高
元売業者
戻入れ＊
元締（職分）
戻す
基づく
元どおり
求め
求める
元結
戻り道
戻る
物言い
物忌み
物憂い
物売り
物置
物惜しみ
物覚え
物思い
物語
物狂い
物指し、物差し
物知り
物好き
物取り
物干し
物干場
物持ち
物別れ
物忘れ
物笑い
紅葉狩り
桃割れ
燃やす
催し
催物＊
催す
最寄り
もらい泣き
漏らす
漏り
盛り
盛り上がり
盛り上げる
盛り返す
盛り菓子
盛り切り
盛り砂
盛土＊
盛り花
漏る
盛る
漏れ
漏れる
門構え
紋切り型
門前払い
紋付き

〔や〕

焼き
・・・焼

（工芸品）
焼き芋
焼き印
焼き金
焼きぐり
焼きごて
焼き魚
焼き塩
焼きそば
焼き立て
焼付け＊
焼き豆腐
焼き鳥
焼き直し
焼き肉
焼き刃
焼き場
焼き飯
焼きもち
焼き戻し
焼き物
焼く
厄落とし
役替え
役所勤め
役立つ
役付き
厄払い
役回り
役割
焼け
焼け跡
焼け石
焼け焦げ
焼け土
焼け野
焼け火ばし
焼け太り

焼ける
家捜し
易しい
優しい
易しさ
優しさ
屋敷
養い親
養い子
養う
安上がり
安い
安請け合い
安売り
安っぽい
休まる
休み
休み茶屋
休み所
休む
休める
安らかだ
安んずる
矢立て
八つ〔やつ〕
八つ当たり
矢継ぎ早
八つ裂き
八つ〔やっつ〕
雇い
雇入れ＊
雇人契約
雇止手当
雇人
雇主＊
雇う
宿す
宿り

宿り木
宿る
家並み
家鳴り
屋根伝い
やぶ入り
破る
破れ
破れ傘
敗れる
破れる
病〔やまい〕
山狩り
山崩れ
山越え
山出し
山伝い
山続き
山登り
山開き
山伏
山盛り
山焼き
山分け
病み上がり
やみ討ち
病み付き
病む
辞める
やり込める
やり直し
やり投げ
柔肌
柔らかい
軟らかい
柔らかだ
軟らかだ
柔らかみ

和らぐ
和らげる

〔ゆ〕

湯上がり
結い立て
結う
夕暮れ
夕涼み
夕立
夕映え
夕べ
夕焼け
夕焼け雲
行き
行き当たり
行き当たる
雪折れ
雪下ろし
行き帰り
行き掛かり
行き掛け
行き方
行き先
行き過ぎ
行き違い
行き詰まり
雪解け
行き届く
行き止まり
行き悩み
行き場
行き道
行き戻り
行き渡る
行く
逝く
行方

行く先
行く末
行く手
行く行く
揺さぶる
湯冷まし
揺すぶる
譲り
譲り合う
譲受け＊
譲受人
譲り受ける
譲り状
譲渡し＊
譲り渡す
揺する
譲る
豊かだ
湯漬け
湯通し
湯飲み
指切り
指さす
指ぬき
弓取り
弓張り月
揺らぐ
揺り返し
揺りかご
揺る
緩い
揺るぎない
揺るぐ
許し
許し難い
許す
緩み
緩む

緩める	横流れ	呼出符号	より抜き	**〔ろ〕**	
緩やかだ	横降り	呼び出す	寄り道	ろう引き	
揺れ	横向き	呼び付ける	困る	露天掘り	
揺れる	汚れ	呼び値	寄る	炉開き	
結わえる	汚れ物	呼び戻す	寄る辺	**〔わ〕**	
湯沸かし	汚れる	呼び物	喜ばしい	若い	
湯沸器	よしず張り	呼び寄せる	喜ばす	若返る	
〔よ〕	世捨て人	呼び鈴	喜び	我が国	
	寄せ集め	呼ぶ	喜ぶ	若死に	
夜明かし	寄せ集める	夜更かし	弱い	沸かし湯	
夜明け	寄せ書き	夜更け	世渡り	沸かす	
夜遊び	寄せ木細工	夜回り	弱まる	分かち合う	
夜歩き	寄せ算	読み	弱み	分かち書き	
良い	寄せなべ	読み上げる	弱める	分かつ	
善い	寄せる	読み誤り	弱々しい	若作り	
酔い	装い	読み合わせ	弱る	若やぐ	
酔い心地	装う	読み終わる	**〔ら〕**	分かる	
宵越し	四つ〔よつ〕	読替え＊		別れ	
酔い覚め	四つ角	読替規定	落書き	別れ話	
酔い倒れ	世継ぎ	読み書き	楽焼き	別れ道	
宵っ張り	四つ〔よっつ〕	読み掛け	**〔り〕**	別れ目	
宵祭り	酔っ払い	読み方		分かれる	
酔う	四つ目垣	読み切り	利上げ	別れる	
用立てる	夜釣り	読み手	力む	若々しい	
夜討ち	夜通し	読み札	陸揚げ	沸き	
用向き	夜泣き	読み物	陸揚地	沸き上がる	
欲張り	夜逃げ	読む	利食い	沸き返る	
横合い	呼ばわる	詠む	利付き	沸き立つ	
横書き	呼び合う	嫁入り	利付債券	輪切り	
横切る	呼び起こす	寄り	理詰め	沸く	
汚す	呼び返す	寄り合い	利回り	枠組み	
横たえる	呼び掛け	寄り合い世帯	両替	枠付き	
横倒し	呼び掛ける	寄り合う	両切り	枠作り	
横倒れ	呼び子	寄り集まり	両建て	分け前	
横たわる	呼び声	寄り集まる	両刀使い	分け目	
横付け	呼び捨て	寄り掛かる	**〔れ〕**	分ける	
横取り	呼出し＊	より好み			
横流し	呼出電話	より取り	れんが造り		

災い
煩い
煩う
患う
煩わしい
煩わす
忘れ形見
忘れ物
忘れる
綿入れ
綿打ち
私〔わたくし〕
渡し
渡し場
渡し船
渡す
渡り
渡り合う
渡り初め
渡り鳥
渡り廊下
渡る
輪投げ
わび住まい
笑い
笑い顔
笑い声
笑い上戸
笑い話
笑う
わら包み
割
割合
割当て＊
割当額
割り当てる
割り印
割り勘
割り切る
割り込む
割り算
割高
割り出す
割り注
割り付け
割に
割り判
割引
割り引く
割り符
割り振り
割り前
割増し＊
割増金
割増金付
割り麦
割戻し＊
割戻金
割り戻す
割安
割る
悪い
悪さ
我〔われ〕
割れ
割れ目
割れ物
割れる

（備考　用例中には、現在の法令・公用文では仮名書きする語でも、漢字で書く場合の送り仮名の付け方を示すため採り上げたものがある。一方、接続詞などの、仮名書きする語であるため、省いたものもある。）

文書事務研究会（東京都総務局総務部文書課）

毛塚　健太
﨑村　剛光
芝崎　晴彦
神　　敏之
鈴木　威人
竹村　昌彦
中山眞理子
福田　龍介
物種　真湖

中村　倫治
宮澤　夏樹

10日で身につく
文書・政策法務の基本

定価：本体2300円＋税
2010年2月5日　初版第1刷発行

編著者　文書事務研究会
発行人　大橋勲男
発行所　株式会社都政新報社
〒160-0023　東京都新宿区西新宿7-23-1
電話：03（5330）8788
FAX：03（5330）8904
http://www.toseishimpo.co.jp/
印刷所　株式会社光陽メディア
デザイン　有限会社あむ（キャラクターデザイン：須田博行）

乱丁・落丁本及びお問い合わせは上記にお願いいたします。

ISBN978-4-88614-190-3　C2030